日経文庫
NIKKEI BUNKO

「同一労働同一賃金」はやわかり

北岡大介

JN146620

日本経済新聞出版社

はじめに

2017年から政府が進める一連の働き方改革の中で最も難問であるのが、「同一労働同一賃金」の実現です。「同一労働同一賃金」は、西遊記における「天竺」のごとく、理想郷的なイメージを感じさせる言葉ですが、論者によっては「同一価値労働同一賃金」の意で用いたり、あるいは「均等待遇」「均衡待遇」として論じられるなど、極めて多義的であり、まずはその意味するものを明らかにする作業が必要不可欠です。また「理想郷」の問題にとどまるだけであればいざ知らず、空前の求人難の中、パート・有期契約社員等から同一労働同一賃金絡みの処遇等に関する不平・不満も顕著に増えており、各職場において、同一労働同一賃金問題が「今そこにある危機」となりつつあります。

そのような中、2018年6月に同一労働同一賃金をめぐって重要な最高裁判決が登場するとともに、働き方改革関連法が可決成立し、同一労働同一賃金関連法制の一層の整備が進められました。同法の施行は大企業については2020年4月、中小企業は2021年4月であり、急ピッチで法施策が進められる中、企業としても同法対応に向けた対策が急務といえます。しかし、「同一労働同一賃金」という理想郷に向かう道のりは遠く険しいものとなっています。

本書ではまず第1～3章において、多義的で判然としない「同一労働同一賃金」の「見える化」を目指していきます。第1章はいわゆる「同一価値労働同一賃金」と日本型雇用との相違性を明らかにした上で、日本型同一労働同一賃金の一つで、「等しき者は等しく」を定める「均等待遇」規定を取り上げ、解説します。次に第2章では革新的な日本型同一労働同一賃金法制と位置づけられる「均衡待遇」規定（異なる者にも処遇ごとのバランスを求めるもの）につき、最新の最高裁判決等を挙げながら、企業実務へのインパクトと法解釈内容等を解説します。さらに第3章では、2018年6月末に国会で可決成立した働き方改革関連法における同一労働同一賃金関連法の改正内容を、特に「均衡待遇規定の行政法化」の視点から解説します。

その上で、実務家にとって最も関心が高い企業実務の対応策につき、本書では第4章で近々に対応すべき法的課題と対応策を、そして第5章において、腰を据えて取り組むべき中長期的な法的課題と企業対応上の留意点を解説しています。

本書が労使双方の実務家にとって、同一労働同一賃金の実現という「天竺」までの良き道しるべとなれば幸いです。

2018年7月

北岡　大介

「同一労働同一賃金」はやわかり　目次

第2章　均衡待遇規定の解釈と法的課題　39

第5章 中長期的な対応 169

第1章

同一労働同一賃金が求められる背景

ある弁当工場の繁忙時間帯、勤続年数5年目の正社員の鈴木さんとパート社員の田中さんが全く同じ弁当詰め作業を行っていました。正社員の鈴木さんは全国が転勤対象の総合職であり、これまで3回の転勤・職種異動歴がある一方、パート社員の田中さんは一貫して同じ工場の製造部門で働いています。

弁当詰め作業のみを見ると、田中さんの仕事の方が、鈴木さんと比べ、スピーディでかつ綺麗な仕上がりです。他方で正社員の鈴木さんは製造ラインで弁当製造業務に従事する一方で、品質管理や他のパート社員等に対するトレーニング、人事評価さらには、ライン工程の改善活動などを行っています。所定労働時間中のある時間帯は、前述のとおり田中さんと全く同じ業務に従事しているのですが、その間も鈴木さんは弁当詰め作業を真剣に行いながら、新たな工程改善の芽を探しています。

鈴木さんは月給制で、時給単価にすると約1800円、これに対し田中さんは時給制950円であり、田中さんは自らの処遇について不満を感じています。「同一労働同一賃金」に基づき、会社は田中さんに対し、鈴木さんと「同一賃金」を支払わなければならないのでしょうか。

1 同一価値労働同一賃金と日本型同一労働同一賃金

「日本型雇用」特有の人事制度

最近、新聞等においても「○○社がパート社員に対し、新たに賞与を支給。同一労働同一賃金に向けた施策を強化」などの報道に接する機会が増えてきました。このような報道の多くは「同一労働同一賃金」という、「同一の価値があるとみなされる労働には同じ賃金が支払われるべき」の意を、「同一価値労働同一賃金」と理解しているようです。それでは前記事案につき、パート社員と正社員の繁忙時間帯の「労働」を見比べると、「同一の価値があるとみなされる労働」となり、同一賃金が支給されることとなるのでしょうか。

我が国における多くの企業の人事制度を見ると、従業員の賃金をはじめとした労働条件は現時点の「職務内容」「責任」に限られず、将来の役割期待を含めた「職業能力」、さらには勤続年数、配転の可能性など諸般の事情を総合的に考慮して決定される傾向が見られます。つまりは、今ある仕事のみをもって処遇を決するものではなく、将来の会社への貢献可能性などを総合的に勘案しながら賃金その他処遇等が定められます。まさに終身雇用、年功序列的な人事・賃金制度と企業別労働組合によって構成される「日本型雇用」特有の人事・賃金制度といえるものです。

西欧諸国での前提条件と日本との違い

これに対し、ヨーロッパなどの諸外国に目を転じると、産業別労働組合が広く組織され、職務ごとに賃金水準が横断的な労働協約によって決められている上、労使ともに現時点の職務に対応した処遇決定が定着しています。どの工場であっても、産業別労働協定によって、職務内容等に応じた職務給水準が設定されており、労使ともにこの協定を確認し、処遇が公平公正であるか確認できる状態にあります。このような前提条件を満たした国では、「同一価値労働同一賃金」が労使間ルールとして広く定着しています。

その一方、我が国の「日本型雇用」では、正社員を対象とした産業別労使協定による職務給ルールはほとんど存在しない上、終身雇用的な人事制度の下、企業ごとに現時点のみならず、将来の貢献可能性を含めた職業能力評価等をもって処遇決定が左右されることから、同ルールの直接的な適用には極めて障壁が多いものといえます。

このため、これまでも我が国において、ただちに「同一価値労働同一賃金」が適用されるという考え方自体は学説・裁判例ともに否定的であり、著名裁判例である丸子警報器事件（長野地裁上田支部判決１９９６年3月15日）においても、以下の判断が示されています。

まず同一（価値）労働同一賃金の原則について、これを明言する実定法の規定は存在しないとし、また、我が国の多くの企業において同一（価値）労働に単純に同一賃金を支払ってきたわけではないこと、及び労働価値が同一であるか否か客観性をもって評価判定することが著しく困難であることから、「同一価値労働同一賃金」に反する賃金格差は直ちに違法となるという意味での公序とはいえないとしました。

最近の裁判例である日本郵便（東京）事件東京地判２０１７年9月14日でも、後述する労働契約法20条と、いわゆる「同一価値労働同一賃金」の関係について次のように判示しました。我が国では一足飛びの同一価値労働同一賃金の実現が困難であることを改めて確認した判示と思われます。

「労契法20条の判断において、職務内容は判断要素の一つにすぎないことからすると、同条は、同一労働同一賃金の考え方を採用したものではなく、同一の職務内容であっても賃金をより低く設定することが不合理とされない場合があることを前提としており、有期契約労働者と無期契約労働者との間で一定の賃金制度上の違いがあることも許容するものと解される」。

日本型雇用における同一価値労働同一賃金の難しさ——冒頭事例から

以上の整理を基に冒頭の事例を考えてみますと、たしかに繁忙時間帯は正社員の鈴木さんとパートの田中さんは同じ仕事をしています。その一方で鈴木さんはラインのマネジメント業務を担っており、パート社員の教育訓練、人事評価さらには生産性向上のための工程改善などの職務・責任を負っています。

会社側としても、正社員の鈴木さんについては、職務内容・責任の相違はもちろん、さらには工程改善などに現場ラインで取り組み、この経験を将来の仕事に活かして欲しいという役割期待を多分に有しており、パート社員とは異なる人事・賃金制度を適用しています。また我が国の法制度上、雇用形態に対する「同一価値労働同一賃金」法理が存在しないことからも、ただちに処遇の相違性全てが法違反には当たらないものといえます。

他方で雇用形態を異にするのであれば、いかなる場合でも賃金その他処遇の違いは正当化しうるのでしょうか。次節において著名な裁判例を紹介します。

2 日本型同一労働同一賃金の萌芽――丸子警報器事件判決

非正規社員の処遇格差是正を初めて認めた判決

その一方、「契約形態」のみを理由として、正社員と比べあまりに処遇上、格差が著しい取扱いがなされることは許されるでしょうか。以前までは日本型雇用では、正社員と非正規社員との間に大きな断絶があり、処遇を異にしても当然との「常識論」が根強く存在しましたが、この「常識」を「非常識」としたのが、この、「丸子警報器事件判決」です。

同事件において会社側（以下Y社）は自動車用警報器等の製造販売を業とするものであり、地方工場でその製造等を行っていたのですが、従業員を「事務員」「作業員」「嘱託」「臨時傭員」の4種類に分けており、社内では、前二者を正社員、後二者を（狭義では「臨時傭員」のみ）を臨時社員と呼んでいました。当時の従業員数は155名ですが、うち110名が正社員（男性87名、女性23名）、45名が臨時社員（女性43名、男性2名〈嘱託〉）でした。

本訴訟を提起したXらは、いずれもY社の女性臨時社員であり、いずれも原則として雇用期間2か月の雇用契約を更新するという形で継続して勤務していました。Xらは、女性正社員と同じ組立ラインに配属され、同様の仕事に従事しており、その勤務時間も通常午前8時20分から午後5時までとされており、他の正社員と同じでした（ただし、午後4時45分から15分間は残業扱い）。また勤務日数も正社員と同じであり、終業後の自主的な品質管理活動（いわゆるQCサークル活動）にも正社員とほぼ同様に参加していました。

さらに臨時社員、正社員ともに同工場での組立業務のみを行うこととされており、配置転換（配転）・職務変更がいずれも予定されていません。そのような中、Y社の賃金体系においては、正社員の基本給は原則的には年功序列となっている一方で、臨時社員については3ランクに分かれており、勤続年数10年以上（A）、勤続年数3年以上10年未満（B）、3年未満（C）とされていました。Xらは、Y社が同一（価値）労働同一賃金の原則という公序良俗に反しているとして、損害賠償を求めたのですが、同判決では原告側の請求を概ね認め、概略以下の判示を行いました。

丸子警報器事件地裁判決の内容

「同一（価値）労働同一賃金の原則は、労働関係を一般的に規律する法規範として存在すると考えることはできないけれども、賃金格差が現に存在しその違法性が争われているときは、その違法性の判断に当たり、この原則の理念が考慮されないで良いというわけでは決してない。けだし、労働基準法３条、４条のような差別禁止規定は、直接的には社会的身分や性による差別を禁止しているものではあるが、その根底には、およそ人はその労働に対し等しく報われなければならないという均等待遇の理念が存在していると解される。それは言わば、人格の価値を平等と見る市民法の普遍的な原理と考えるべきものである。前記のような年齢給、生活給制度との整合性や労働の価値の判断の困難性から、労働基準法における明文の規定こそ見送られたものの、その草案の段階では、右の如き理念に基づき同一（価値）労働同一賃金の原則が掲げられていたことも惹起されなければならない。したがって、同一（価値）労働同一賃金の原則の基礎にある均等待遇の理念は、賃金格差の違法性判断において、ひとつの重要な判断要素として考慮されるべきであって、その理念に反する賃金格差は、使用者に許された裁量の範囲を逸脱したものとして、公序良俗違反の違法を招来する場合があると言うべきである」

「もっとも、均等待遇の理念も抽象的なものであって、均等に扱うための前提となる諸要素の判断に幅がある以上は、その幅の範囲内における待遇の差に使用者側の裁量も認めざるを得ないところである。したがって、本件においても、Xら臨時社員と女性正社員の賃金格差がすべて違法となるというものではない。前提要素として**最も重要な労働内容が同一であること、一定期間以上勤務した臨時社員については年功という要素も正社員と同様に考慮すべきであること、その他本件に現れた一切の事情に加え、Y社において同一（価値）労働同一賃金の原則が公序ではないということのほか賃金格差を正当化する事情を何ら主張立証していないことも考慮すれば、Xらの賃金が、同じ勤続年数の女性正社員の8割以下となるときは、許容される賃金格差の範囲を明らかに越え、その限度においてY社の裁量が公序良俗違反として違法となると判断すべきである**」

非正規社員の処遇問題が増える契機に？

以上のとおり判決では公序良俗違反を理由に、正社員と比べ8割以下の賃金処遇等については、差額支払いを損害賠償として認容しており、控訴されるも東京高裁で和解が成立しています。本事案は正規社員と非正規社員との職務内容・責任が同一である上、地方製造工場に双方とも地域限定で採用されており、職種も製造業務と同一でした。にもかかわらず、処遇に大きな相違があったため、前記の判断を行ったものです。今日では、企業人事担当者の多くも、この判断そのものに違和感を持つことはないように思われます。

その後、政府は次第に非正規社員の処遇問題に関し、短時間労働者の雇用管理の改善等に関する法律（以下、パート労働法）、さらには第2章以下で取り上げる労働契約法等の改正を相次いで行うようになり、日本型「同一労働同一賃金」に係る法制の整備を進めるようになります。まずはパート労働法の均等待遇規定について確認します。

3　均等待遇規定の展開

均等待遇に関する規定とは

前記の丸子警報器事件判決の影響等を受けて、まず日本型同一労働同一賃金法制の先駆けとして立法化されたのが、「等しき者は等しく」を定めるパート労働法の差別取扱い禁止規定です。

パート労働法は短時間労働者（以下、パート社員）について、通常の労働者との均衡のとれた待遇の確保を目的として、様々な法規制を行っています。そのうち特に強い規制として挙げられるのが、通常の労働者と同視すべき場合における差別的取扱いの禁止（現行9条

〈旧8条〉です（後述する通り2018年6月に法改正がなされ、2020年以降の法施行後は同条の適用対象に有期契約労働者も含まれる〈第3章以下後述〉）。

事業主は、職務の内容が当該事業所に雇用される通常の労働者と同一の短時間労働者（第11条第1項において「職務内容同一短時間労働者」という。）であって、当該事業所における慣行その他の事情からみて、当該事業主との雇用関係が終了するまでの全期間において、その職務の内容及び配置が当該通常の労働者の職務の内容及び配置の変更の範囲と同一の範囲で変更されると見込まれるもの（次条及び同項において「通常の労働者と同視すべき短時間労働者」という。）については、短時間労働者であることを理由として、賃金の決定、教育訓練の実施、福利厚生施設の利用その他の待遇について、差別的取扱いをしてはならない。

同条ではパート社員が通常の労働者に比して①職務内容が同一であり、②配転その他人材活用の仕組みも雇用の全期間において、同一であるパート社員に対する賃金の決定その他処遇に係る差別的取扱いを禁止するものです。パート社員が正社員と比べ①と②を満たすような実質的同一性が認められれば、全ての労働条件に係る差別を禁止する、というものですが、具体的にいかなる場合がこの差別に該当するでしょうか。以下事例を挙げながら解説します。

均等待遇違反が問題となる事案とは

当社Y社はタンクローリー等による物流業務を全国展開していますが、A営業所におけるドライバー職には正社員職と準社員職が存在します。職務内容・責任はドライバー職という性質上、ほとんど同じです。また就業規則上は正社員に転勤、職務内容変更などの広範囲な人事異動が定められていますが、実態は正社員ドライバーの転勤・職務変更は極めてまれであり、準社員の人材活用のあり方と大きく異なるものではありません。なお準社員は正社員に比べ、所定労働時間が短いパート労働者に該当します。

その一方、賃金については、正社員に賞与が設けられていますが、準社員に賞与は支給されておらず、年収で正社員に比べ40万円ほど少なくなっています。契約社員Xがこういった処遇の違いは均等待遇違反であると主張し、賞与の請求を行ってきましたが、これに応じる必要があるのでしょうか。

上記事例のモデルとした裁判例はニヤクコーポレーション事件（大分地判2013年12月10日）ですが、判決ではパート労働法9条（旧8条）違反の成立を認め、会社に損害賠償支払いを命じました。まず同判決はパート労働法9条（旧8条）の各々の要件あてはめについて、次の判示を行います。

①職務内容・責任については、Xの業務は、貨物自動車の運転手として、タンクローリーによる危険物等の配送及び付帯業務に従事することであり、正社員の職務・責任と同じであったとします。次に②転勤・出向については、就業規則上、転勤・出向は正社員にあるが、準社員にはなく、実際にも正社員には転勤・出向の実績はあるが準社員には転勤・出向した者はなかった。しかし、正社員の転勤・出向自体が少なく、九州管内では2002年以降、転勤・出向はなかったことから、正社員と準社員の間に、転勤・出向の点で大きな差はないとするものです。さらに③役職への任命については、直近でも準社員が自動車の運行の安全の確保に関し重要な業務を担当する運行管理補助者に任命されていたことや、④正社員のクレーム対応など責任が重いとの会社主張には、正社員の中でもそのような職務に就くものが

少なく、ドライバーがそのような業務に関与する頻度も明らかでないことから、職務内容の相違点として重視できない等としました。

また⑤正社員の職務変更については、正社員ドライバーの中で事務職に転換した者は全国で毎年2～3名程度であり、総数に比べて非常に少なく例外的であるとします。

「等しき者は等しく」の原則

以上の認定の下、同判決は正社員と準社員ドライバーの職務の内容が「実質的」に同じであり、責任の程度も著しく異なっておらず、さらに人材活用の仕組み・運用も正社員と準社員で大きな差が認められないと結論づけ、X側請求を認容し、賞与の差額支払いを会社に命じました。従って前記の事例についても、正社員と準社員ドライバーの職務内容・責任、人材活用の仕組み・運用の実質的同一性を認定の上、パート労働法9条が適用され、遡って賞与等の損害賠償請求が認容されることとなりましょう。

したがって、均等待遇規定が適用された場合、「等しき者は等しく」の原則が適用されるため、正社員と同視できる非正規社員は正社員と同等の処遇を概ね請求しうることとなります。同処遇の中には基本給・各種手当はもちろん、本件のように賞与さらには退職金などの請求も認められます。

このようにパート労働法9条の法的効果は絶大といえますが、これまで同規定を根拠に均等待遇違反を認めた裁判例はニヤクコーポレーション事件のほか、数件にとどまっています。また労働局での助言指導事案を見ても、パート労働法9条違反を理由とした事案は年数件程度で推移しています。

均等待遇規定が活用されていない理由

均等待遇に係る裁判例・行政指導件数が少数にとどまっている要因として考えられるのは、各社の労務管理自体のあり方です。

たしかに各企業の労務管理の実態をみると、正規社員と非正規社員との間で職務内容の一部が同一であること自体は多々見られますが、職務内容全体とその責任、さらには人材活用の仕組み・運用は、採用段階から正社員と非正規社員との間で明確に区別されているのが通例です。

このような中、2013年の改正労働契約法において、新たに異なる者にも処遇ごとのバランスを求める均衡待遇規定が設けられ、さらには2018年6月には働き方改革関連法において同施策が強化されています（第2章、3章以下で後述）。このように近年、我が国では非正規社員の均衡待遇問題に対し、法施策を強化していますが、その背景とは何でしょうか。

4 同一労働同一賃金強化の背景とは――非正規雇用の変容

非正規雇用が急激に増加

近年、正社員と非正規社員との格差が大きな社会問題として浮上しています。その背景として挙げられるのは、非正規雇用労働者の急激な増加です（図表1―1）。

1984年はパート・アルバイト等の非正規社員は約604万人であり、労働者全体に占める割合も15・3%にとどまっていました。また当時のパート・アルバイトの多くは家計補助的な就労形態が占めていました。これが1990年以降、急激に非正規雇用労働者の総数が増加し、バブル経済崩壊後の1994年には971万人、1999年には1225万人、さらに2004年に1564万人となり、その後も増加の一途をたどっています。2017年の調査では非正規労働者は2036万人に達し、非正規労働者が労働者全体に占める割合

図表 1-1　正規雇用と非正規雇用労働者の推移

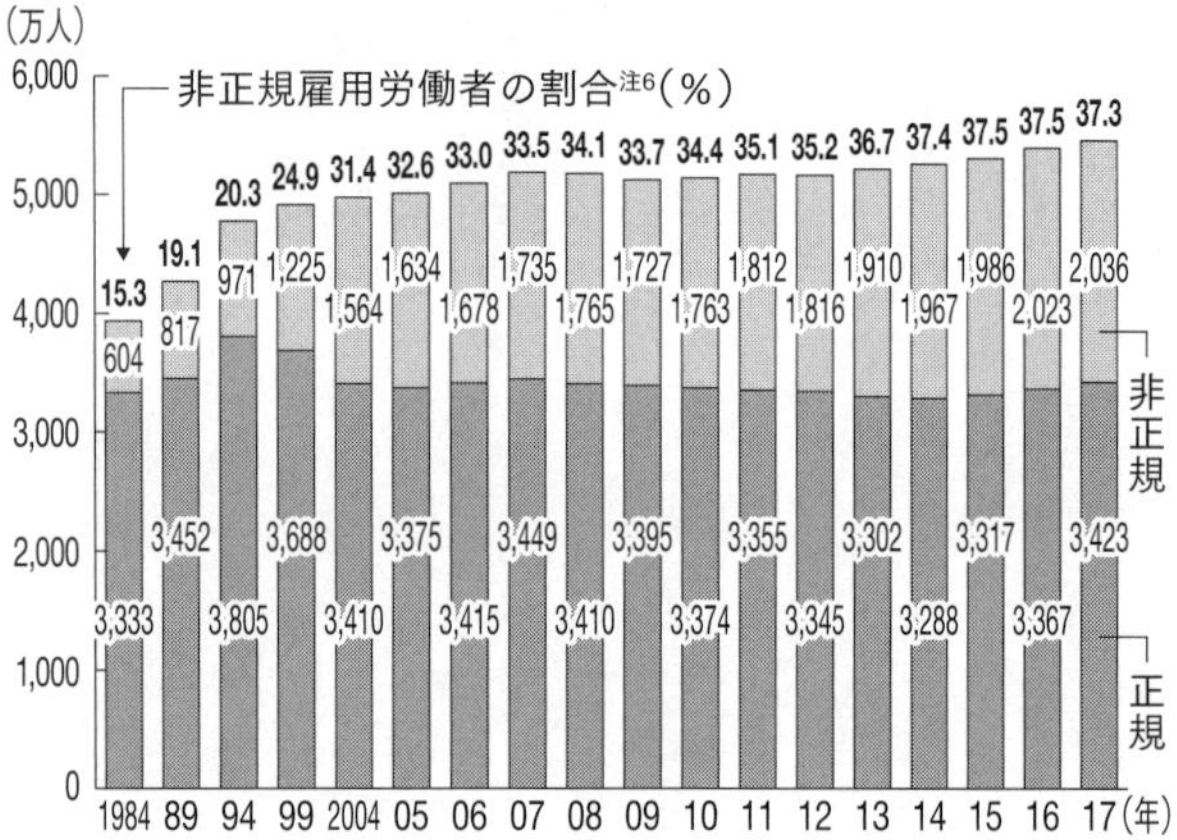

［出所］1999 年までは総務省「労働力調査（特別調査）」（2 月調査）長期時系列表 9、2004 年以降は総務省「労働力調査（詳細集計）」（年平均）長期時系列表 10

［注］1）2005 年から 2009 年までの数値は、2010 年国勢調査の確定人口に基づく推計人口の切替による遡及集計した数値（割合は除く）。

2）2010 年から 2016 年までの数値は、2015 年国勢調査の確定人口に基づく推計人口（新基準）の切替による遡及集計した数値（割合は除く）。

3）2011 年の数値、割合は、被災 3 県の補完推計値を用いて計算した値（2015 年国勢調査基準）。

4）雇用形態の区分は、勤め先での「呼称」によるもの。

5）正規雇用労働者：勤め先での呼称が「正規の職員・従業員」である者。

6）非正規雇用労働者：勤め先での呼称が「パート」「アルバイト」「労働者派遣事業所の派遣社員」「契約社員」「嘱託」「その他」である者。

7）割合は、正規雇用労働者と非正規雇用労働者の合計に占める割合。

も1994年と比べると1・8倍強となる37・3％に至っています。

非正規雇用における雇用の不安定性

この20年間で、労働者全体に占める非正規雇用の割合が極めて大きくなっていますが、この非正規雇用の多くが、1か月～1年などの期間の定めを設けた「有期雇用」です。契約上は期間が到来すれば、雇用契約が終了することとなりますが、我が国の有期雇用は、契約期間が満了すると、雇用契約を反復更新し続け、有期契約社員（以下、有期社員）に雇用継続の期待が生じることが多々見られます。

このような契約更新の期待に対し、我が国では判例法理そして、2013年改正の労働契約法がいわゆる「雇い止め法理」を定め、この期待権を法的に保護することとしています。しかしながら、この法理は裁判実務上、定着していますが、全ての労使双方に十分浸透しているわけではなく、中には「雇い止め法理」が十分に理解されていない結果、不本意に契約終了に至った有期社員も相当数生じている可能性があることは否定できません。

また他方で、総務省調査によれば、非正規雇用社員のうち、正規雇用を希望するも不本意に非正規雇用として働いている者の割合は、なお全体の14・3％に及びます（図表1－2）。

図表 1-2　不本意非正規の状況

	人数（万人）	割合（%）
全体	273	14.3（▲1.3）注4
15〜24歳	21	9.3（▲1.8）
25〜34歳	57	22.4（▲2.0）
35〜44歳	51	14.5（▲2.3）
45〜54歳	60	15.4（▲1.5）
55〜64歳	58	14.8（▲0.6）
65歳以上	27	9.2（+1.0）

［出所］総務省「労働力調査（特殊系列：詳細集計）」（2017年平均）第II -16表
［注］1）雇用形態の区分は、勤め先での「呼称」によるもの。
2）非正規雇用労働者：勤め先での呼称が「パート」「アルバイト」「労働者派遣事業所の派遣社員」「契約社員」「嘱託」「その他」である者。
3）不本意非正規：現職の雇用形態（非正規雇用）についた主な理由が「正規の職員・従業員の仕事がないから」と回答した者。
割合は、非正規雇用労働者のうち、現職の雇用形態についた主な理由に関する質問に対して、回答をした者の数を分母として算出している。
4）割合の（　）で示した数値は、対前年比。

このように非正規雇用は「期間の定めのない」正規雇用と比べ、雇用の不安定性および不本意就労が存在することも指摘できます。これに対し、2018年4月から労働契約法18条に基づく無期転換請求制度がスタートしており（後述）、今後の実務への影響が注目されています。

非正規雇用における格差問題

さらに近年、課題とされているのが、正社員と非正規社員との間に生じている賃金格差です（図表1−3）。

図表のとおり、正社員と非正規社

図表 1-3　賃金カーブ（時給ベース）

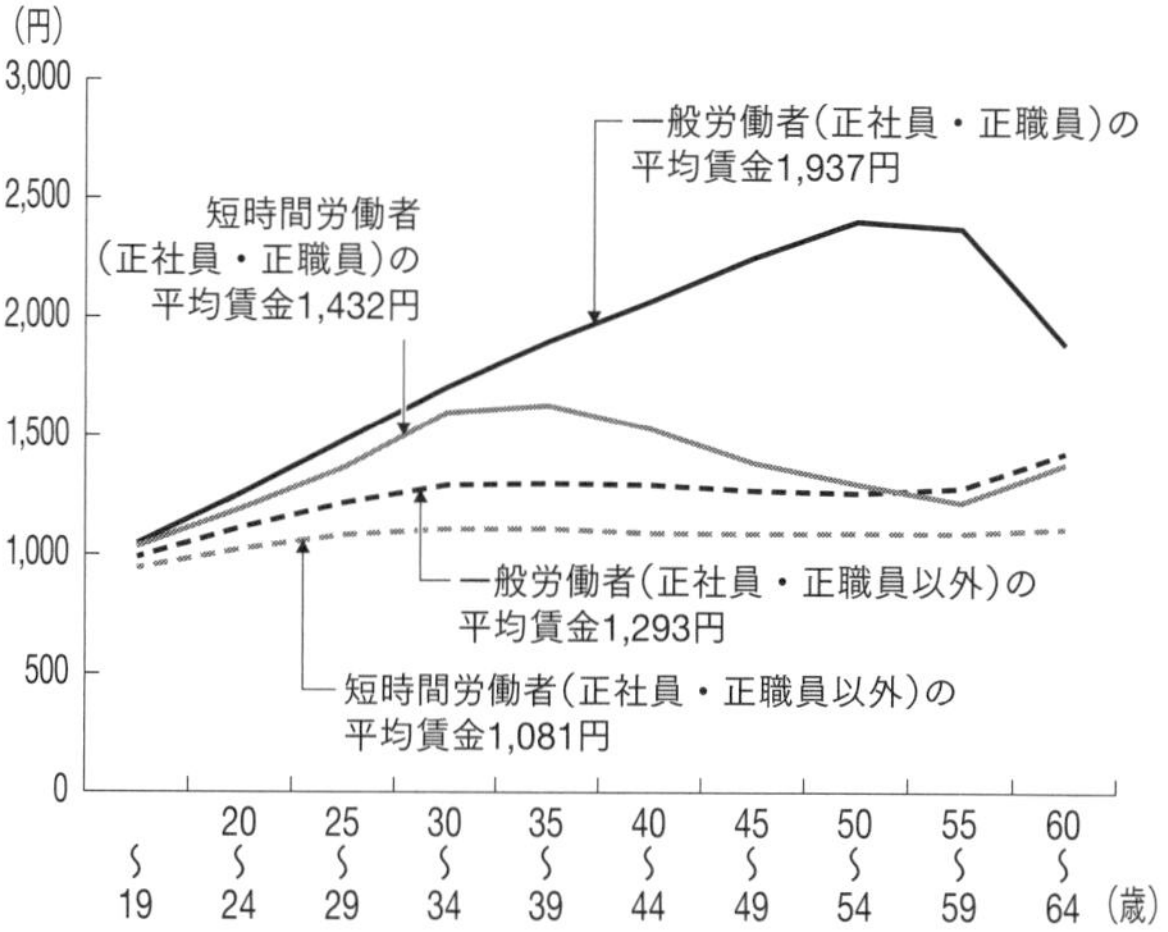

［出所］厚生労働省「賃金構造基本統計調査」（2017 年）雇用形態別表：第１表
［注］1）賃金は、2017 年６月分の所定内給与額。
2）一般労働者の平均賃金は、所定内給与額を所定内実労働時間数で除した値。
3）一般労働者：常用労働者のうち、「短時間労働者」以外の者。
4）短時間労働者：同一事業所の一般の労働者より１日の所定労働時間が短い又は１日の所定労働時間が同じでも１週の所定労働日数が少ない労働者。
5）正社員・正職員：事業所で正社員・正職員とする者。
6）正社員・正職員以外：事業所で正社員・正職員以外の者。

員との間の年齢ごとにみた賃金カーブは歴然と異なります。入職年齢である10代〜20代前半の相違はまだ大きくありませんが、その後、正社員の賃金カーブは30代、40代、50代となるにつれ上昇する一方、正社員以外の労働者に係る賃金カーブは伸び率が緩やかで、その差は目に見えて拡大していきます。

非正規雇用の労働者が増加する一方で、賃金格差の改善が一向に進まない結果、我が国の経済・社会構造全体を歪めてしまう危険性が指摘されています。2018年現在、安倍晋三内閣総理大臣が提唱する「アベノミクス」は、こういった危機感の中、非正規労働者の格差是正を通じ、生活の安定・購買力の上昇を図り、それによって日本経済全体の底上げを目指す政策と位置づけることができます（法改正動向については第3章以下で解説）。

5 今そこにある危機

進む政策誘導

以上の背景から、日本型同一労働同一賃金に向けた法施策が経済・社会政策の観点から強化されつつありますが、同施策を実現するための法的手段としては、まず企業の自発的な取り組みを政策誘導していく手法が考えられます。

具体的には助成金や税控除などを通じて、非正規社員の処遇改善に向けて政策誘導するなどのソフトな手法です。また労働市場全体の規律でいえば、最低賃金の引き上げによって、非正規社員全体の賃金を底上げしていく方法も考えられます。２０１７年の働き方改革実行計画においても、「賃金引き上げと生産性向上」として、まず最低賃金が取り上げられており、「年率３％程度を目処として、名目ＧＤＰ成長率にも配慮して引き上げていく。これにより、全国加重平均が１０００円になることを目指す」とされています。このような最低賃金の引き上げに向けて、中小企業、小規模事業者の生産性向上等のための支援や取引状況の改善を図るための施策も展開される予定です。

均衡待遇の法規制強化と実務への影響

このように安倍政権は助成金・税制による政策誘導や最低賃金引き上げ等による非正規社員の賃金引き上げに積極的に取り組んでいますが、近年の立法・行政による施策はこれにとどまりません。第2章と3章で解説するとおり、職務内容・責任や人材活用の仕組み・運用が異なる場合にも処遇ごとのバランスを求める均衡待遇規定を強化し、行政による指導・斡旋さらには司法判断等を基にした実効性確保策を高めようとしています。このことは、企業側からみると、自社内での個別労使紛争の発生・増大の可能性を意味することとなります。

現段階では、自社内でパート・有期社員から「同一労働同一賃金」絡みで相談や申立を受けたり、労働局さらには裁判所等での係争案件に直面している企業はさほど多くないものと思われます。しかしながら以下の章で解説するとおり、同一労働同一賃金にかかる立法・司法が大きく様変わりしつつあります。

また近年の深刻な求人難から、転職志向の強い非正規社員層が会社に抱く不満・不平感がかつてないほど高まりつつあります。

非正規労働者が抱える不平・不満と行政等への相談実態

２０１６年度個別労働紛争解決援助制度の施行状況（厚労省２０１７年６月16日発表）を見ても、年々、パート社員・派遣社員および有期社員による助言・指導申出件数等は増加しており、２００７年度と２０１６年度の労働者割合を比較すると、概ね５％程度の増加が見て取れます（２００７年度と２０１６年度を比較すると、申立件数は６８００件から９８９２件に増加。そのうち申立に占める非正規労働者〈パート、派遣、有期社員合算〉の

図表1-4　相談内容の内訳

	2016年度
均等・均衡待遇関係 （法第8条、9条、10条、11条、12条）	546件　（20.9％）
体制整備 （法第6条、7条、14条、16条、17条）	664件　（25.5％）
正社員転換（法第13条）	478件　（18.3％）
その他（指針等）	919件　（35.3％）
合計	2,607件（100.0％）

［注］相談件数について、2015年度以前と2016年度で算定方法が異なるため、単純比較できない。
［出所］厚生労働省2016年度都道府県労働局雇用環境・均等部（室）での法施行状況

割合では、2007年度では40％程度であったのが45％に増加）。

後述するとおり、労働局はパート労働法等に基づき、行政指導・行政ADR等を行っていますが、その契機となる労働者側からの相談内容を見ても、最近では同一労働同一賃金がらみの相談が増えてきました。全体の相談件数のうち、約2割が均等・均衡待遇絡みの相談となっています（図表1－4）。

今後予想される均等・均衡待遇違反をめぐる法的主張

さらに2018年4月からの無期転換請求制度の実施、同一労働同一賃金法制の進展などから、今後はパート・有期社員から会社に対し同一労働同一賃金絡みで以下のような申立を受けることが珍しくなくなるものと思われます。

①正社員の○○は私と同じ仕事しかしていないのに、基本給等の時間単価は非正規社員に比べて1・5倍増であり、納得できない。その理由を説明してほしいし、納得できなければ労働局に申立を行う。
②正社員には賞与が支払われるようであるが、契約社員にはそういった制度が設けられておらず、納得できない。
③正社員には、通勤手当が全額支給されているようだが、パート社員の通勤手当は実費の8割程度にとどまっており、納得できない。
④正社員には精勤手当、特殊勤務手当が払われているようだが、フルタイム勤務している契約社員にそういった手当が支給されておらず、不公平だ。

①〜④のような申立がなされた場合、会社側として、きちんとその非正規社員に対し、自信をもって説明できるでしょうか。また労働局への申立さらには民事訴訟などの労使紛争に至った場合に、会社側が適切な対応を取れるでしょうか。

現状でいえば、多くの企業では大変心もとない状況にあるものと思われます。実は社内的に前述したような申立を非正規社員から受け、対応に苦慮している会社は少なくありません。あと数年後には、これらの申立が社内のみならず、労働局・裁判所などで、ごく当たり前に争われる時代が来るものと思われます。いまや同一労働同一賃金の問題は、企業から見て「今そこにある危機」といえるのです。

〈第1章まとめ〉

我が国における同一労働同一賃金法制は欧米のような「同一価値労働同一賃金」を必ずしも意味するものではありません。他方で雇用形態のみを理由に、あまりに不当な格差が存在する場合には公序良俗違反とし、その是正を強く求める下級審裁判例が示され、パート労働法9条に定める均等待遇規定が立法化されることとなります。

その後も非正規労働者の格差・雇用不安問題が社会的にも注目される中、日本型同一労働同一賃金として、新たに「均衡待遇」を目指し、労働契約法20条等が定められることとなりますが、次章では「均衡待遇」をめぐる法制内容について解説します。

第2章 均衡待遇規定の解釈と法的課題

当社は運送会社であり、ドライバー職として正社員とともに、有期社員を雇用しています。同職の職務内容・責任は概ね正社員、契約社員ともに変わるものではありませんが、その一方で正社員にのみ転勤、職種変更が行われるものであり（就業規則に明記、実際に異動例あり）、有期社員は勤務地・職種がともに限定されています。

当社では正社員と有期契約社員は人事異動・職種変更等の範囲が異なることを理由に、正社員ドライバーには無事故手当、業務手当（荷役作業従事）、給食手当などの諸手当を支給していますが、有期社員ドライバーにはそのような手当の支給は行っていません。有期社員ドライバーから、このような処遇の相違は同一労働同一賃金に違反するので、損害賠償を求める旨の主張を受けていますが、これに応じなければならないのでしょうか。

1　労働契約法20条における均衡待遇規定とは

均等待遇と均衡待遇の相違点

前記のとおり、パート労働法９条は均等待遇規定を定めていますが、裁判例・行政指導事案自体は少数にとどまっています。このような中、正社員と同一の職務内容・人材活用の仕組みには当たらない一方で、個々の処遇に関し、あまりにバランスが取れていない場合、その是正を求める立法が登場します。それが２０１３年４月施行の労働契約法20条に定める均衡待遇規定です。

「均等待遇」が「等しき者を等しく」する立法である一方、「均衡待遇」は「異なる者にも処遇ごとのバランス」を求めている点で大きく異なります。均衡待遇を定める労働契約法20条等の法解釈は後述するとして、まずは設問を通じて、同規定がどのように法的に機能しうるか確認してみましょう。

均等・均衡待遇規定と設問事例

前記（40頁）の設問事例は、ハマキョウレックス事件（後述）を参考としたものです。同事案は運送会社に勤務する有期契約のトラック運転手が、正社員ドライバーの労働条件と比べ不合理な労働条件の相違があると主張し、民事損害賠償請求等を提起しました。

正社員・有期社員ともに、自動車運転業務に従事しており、職務の同一性は認められる事案ですが、他方で正社員のみに転勤・職種変更が生じうることから、人材活用の仕組み・運用の相違は明らかでした。前述のとおりパート労働法9条に定める均等待遇規定では、人材活用の仕組み・運用の相違があれば、正社員と有期社員は「等しくない」こととなり、同条違反は成立しません。これに対し、本条均衡待遇規定であれば、人材活用の仕組み・運用に相違があったとしても、処遇ごとのバランスが別途問題となりえます。

有期契約社員に払われなかった各種手当

設問事例では無事故手当、業務手当および給食手当が正社員のみに支払われ、有期社員に支払われていないことが労働契約法20条違反に当たるか否かを問題としましたが、ハマキョウレックス最高裁判決（控訴審判決を概ね支持）は前記手当全てについて同条違反を認め、

2013年4月1日にさかのぼって、不法行為に基づく損害賠償請求を認容しました。

まず「無事故手当」については、「優良ドライバーの育成や安全な輸送による顧客の信頼の獲得を目的として支給されるものであると解されるところ、上告人の乗務員については、有期社員と正社員の職務の内容は異ならないから、安全運転及び事故防止の必要性については、職務の内容によって両者の間に差異が生ずるものではな」く、「上記の必要性は、当該労働者が将来転勤や出向をする可能性や、上告人の中核を担う人材として登用される可能性の有無といった事情により異なるものではない」とします。

これに加えて、無事故手当に相違を設けることが不合理であるとの評価を妨げるその他の事情もうかがわれないことから、労働契約法20条にいう「不合理」と認められました。同様に「業務手当」は「特定の作業を行った対価として支給されるものであり、作業そのものを金銭的に評価して支給される性質の賃金であると解」し、さらに給食手当は「従業員の給食の補助として支給されるものであるから、勤務時間中に食事を取ることを要する労働者に対して支給することがその趣旨にかなうもの」であることから、正社員と職務の内容が異ならない有期社員に対してこういった手当を支給しないことは労働契約法20条違反にあたると結論づけたものです。

このように労働契約法20条の均衡待遇規定は、パート労働法9条の均等待遇規定と異なり、正社員と有期社員を比較し、両者の「人材活用の仕組み・運用」が相違していたとしても、各給付の性質・目的と職務内容の同質性などを根拠に、法的請求が認められうるものです。今後、2018年6月の前記最高裁判決および法改正を受け、さらに同種紛争が激増する可能性があります。この労働契約法20条はいかに解釈されるべきか、以下で最高裁判決を中心に確認することとしましょう。

2 労働契約法20条の法解釈と最高裁判決

労働契約法20条と行政解釈

2013年4月施行の労働契約法では、以下のとおり有期労働契約に対する均衡待遇規定を設けています（同法20条。なお2018年6月末に改正法が成立しており、2020年以降、同条は削除され改正パート・有期雇用法新8条に移行〈詳細は第3章以下〉）。

有期労働契約を締結している労働者の労働契約の内容である労働条件が、期間の定めがあることにより同一の使用者と期間の定めのない労働契約を締結している労働者の労働契約の内容である労働条件と相違する場合においては、当該労働条件の相違は、労働者の業務の内容及び当該業務に伴う責任の程度（以下この条において「職務の内容」という）、当該職務の内容及び配置の変更の範囲その他の事情を考慮して、不合理と認められるものであってはならない。

同法は有期社員全般に均衡待遇を広げるものである上、パート労働法9条に定める差別的取扱禁止と異なり、厳格に2要件（職務・責任の同一性、人材活用の仕組み・運用の同一性）を求めず、職務内容・責任、人材活用の仕組み・運用などは要素にとどめ、「その他の事情」含め総合考慮の上で差別禁止に該当するか否かを判断することとしました。その後、現行パート労働法も労働契約法20条の規定と歩調を合わせ、パート社員に対する均衡待遇規定を定め「職務の内容、人材活用の仕組み、その他の事情を考慮して不合理な相違は認められない」こととしています（同8条）。

それでは同均衡待遇違反はいかなる場合に、認められるのでしょうか。厚労省はまず労働契約法20条が施行された当初、行政通達において以下の解釈を示していました。

「法20条の不合理性の判断は、有期契約労働者と無期契約労働者との間の労働条件の相違について、職務の内容、当該職務の内容及び配置の変更の範囲その他の事情を考慮して、個々の労働条件ごとに判断されるものであること。とりわけ、通勤手当、食堂の利用、安全管理などについて労働条件を相違させることは、職務の内容、当該職務の内容及び配置の変更その他の事情を考慮して特段の理由がない限り合理的とは認められないと解されるものであること」

前記通達では、均衡待遇違反（労働条件の相違が不合理であるか否か）の判断における考慮要素は有期社員と無期契約社員との間の職務内容、人材活用の仕組み・運用、その他の事情を考慮して判断されるべきこと、その判断は個々の労働条件ごとに判断されるべきこと、さらに通勤手当、食堂の利用、安全管理などの相違は、特段の理由がなければ不合理と判断されうる点を明らかにしました。

このように行政解釈は一定の判断枠組みを示しましたが、そもそも労働契約法20条は民事法規であり、同条文の解釈は裁判所が裁判例を積み重ね形成していくものです。下級審裁判例が積み重なりつつある中、労働契約法20条に関し、初めての最高裁判決として登場したのが前記ハマキョウレックス事件2018年6月1日最高裁第2小法廷判決（以下、ハマキョウレックス最高裁判決）および長澤運輸事件2018年6月1日最高裁第2小法廷判決（以下、長澤運輸最高裁判決）です。以下では両最高裁判決が示した労働契約法20条の趣旨・目的、判断枠組み等について確認します。

最高裁判決にみる労働契約法20条の趣旨・目的

ハマキョウレックス最高裁判決では、労働契約法20条の趣旨・目的について以下のとおり判示しています。

「同条は、有期契約労働者については、無期労働契約を締結している労働者（以下「無期契約労働者」という。）と比較して合理的な労働条件の決定が行われにくく、両者の労働条件の格差が問題となっていたこと等を踏まえ、有期契約労働者の公正な処遇を図るため、その労働条件につき、期間の定めがあることにより不合理なものとすることを禁止したものである。そして、同条は、有期契約労働者と無期契約労働者との間で労働条件に相違があり得ることを前提に、職務の内容、当該職務の内容及び配置の変更の範囲その他の事情（以下「職務の内容等」という。）を考慮して、その相違が不合理と認められるものであってはならないとするものであり、職務の内容等の違いに応じた均衡のとれた処遇を求める規定であると解される」。

以上のとおり、同条は「均衡のとれた処遇」を目指す趣旨・目的であることが確認されています。

均衡待遇の比較方法（個別の労働条件か全体か）

また、各社における賃金、福利厚生その他の処遇は、他の労働諸条件と密接に関係していることが多いものですが、均衡待遇に係る判断を行う場合、個々の労働条件ごとに行うべきか、または全体の比較で良いといえるか学説および裁判例において対立がみられました。

この問題に対し、長澤運輸最高裁判決は次の判断を示しています。

「本件においては、被上告人における嘱託乗務員と正社員との本件各賃金項目に係る労働条件の相違が問題となるところ、労働者の賃金が複数の賃金項目から構成されている場合、個々の賃金項目に係る賃金は、通常、賃金項目ごとに、その趣旨を異にするものであるということができる。そして、有期契約労働者と無期契約労働者との賃金項目に係る労働条件の相違が不合理と認められるものであるか否かを判断するに当たっては、当該賃金項目の趣旨により、その考慮すべき事情や考慮の仕方も異なり得るというべきである。そうすると、有期契約労働者と無期契約労働者との個々の賃金項目に係る労働条件の相違が不合理と認められるものであるか否かを判断するに当たっては、**両者の賃金の総額を比較することのみによるのではなく、当該賃金項目の趣旨を個別に考慮すべきものと解するのが相当である**」

以上のとおり、本最高裁判決は原則として全体の比較のみによるのではなく、その賃金項目の趣旨を個別に考慮すべきことを明らかにしました。この「賃金項目の趣旨」に係る同判決のあてはめを見ると、まずは各給付ごとの性質および目的が考慮されています（一方で同種の賃金項目に対する判断手法については179頁以下参照）。

「期間の定めがあることにより」「不合理性」の解釈

また前記（45頁）のとおり、労働契約法20条等は「期間の定めがあることによ」る労働条件の相違を問題とします。さらに同条は職務内容等、人材活用の仕組み・運用およびその他の事情を考慮して、「不合理と認められるものであってはならない」としますが、まず「期間の定めがあることによる」相違とはいかなる場合を指すのでしょうか。

この点についても学説上対立が見られましたが、ハマキョウレックス最高裁判決は「同条にいう『期間の定めがあることにより』とは、『有期労働契約労働者と無期契約労働者との労働条件の相違が期間の定めの有無に関連して生じたものであることをいうものと解するのが相当』としました。同最高裁判決は労働契約法20条適用の入り口自体は緩やかに解するものといえます。

また同条の「不合理と認められるものであってはならない」との文言について、学説の一部では、労働条件の相違が「合理的であること」とする説が見られました。同趣旨であれば、使用者側が非正規社員と正社員との間の処遇格差につき「合理的である」ことの立証責任を負うことになりますが、前記最高裁判決は「同条はあくまでも、労働条件の相違が不合理と評価されるか否かを問題とするものと解することが文理に沿うものといえる」「同条にいう『不合理と認められるもの』とは、有期契約労働者と無期契約労働者との労働条件の相違が不合理であると評価することができるものであることをいうと解するのが相当」としたものです。

その上でハマキョウレックス最高裁判決は、均衡待遇違反の立証責任の分配について次の判断を示しました。「両者の労働条件の相違が不合理であるか否かの判断は規範的評価を伴うものであるから、当該相違が不合理であるとの評価を基礎付ける事実については当該相違が同条に違反することを主張する者が、当該相違が不合理であるとの評価を妨げる事実については当該相違が同条に違反することを争う者が、それぞれ主張立証責任を負うものと解される」とするものです。

均衡待遇違反が訴訟で争われる際には、まず労働者側が20条違反の具体的事実を主張・立証し、使用者側は同主張に対し、反証をなす形で審理を進めていく構造を明らかにしており、同枠組みが概ね確立しました。

最高裁判決に見る不合理性の判断事由

それでは個別判断において最も重要である「不合理性と認められるもの」とはいかにして判断されるべきでしょうか。これについてハマキョウレックス最高裁判決は「同条は、職務の内容等が異なる場合であっても、その違いを考慮して両者の労働条件が均衡のとれたものであることを求める規定であるところ、両者の労働条件が均衡のとれたものであるか否かの判断に当たっては、**労使間の交渉や使用者の経営判断を尊重すべき**面があることも否定し難い」とします。

さらに長澤運輸最高裁判決は次の判断を示しています。「労働者の賃金に関する労働条件は、労働者の職務内容及び変更範囲により一義的に定まるものではなく、使用者は、**雇用及び人事に関する経営判断の観点**から、労働者の職務内容及び変更範囲にとどまらない様々な事情を考慮して、労働者の賃金に関する労働条件を検討するものということができる。また、労働者の賃金に関する労働条件の在り方については、基本的には、**団体交渉等による労使自治**に委ねられるべき部分が大きいということもできる。そして、労働契約法20条は、有期契約労働者と無期契約労働者との労働条件の相違が不合理と認められるものであるか否かを判断する際に考慮する事情として、「その他の事情」を挙げているところ、その内容を職務内容及び変更範囲に関連する事情に限定すべき理由は見当たらない。したがって、有期契約労働者と無期契約労働者との労働条件の相違が不合理と認められるものであるか否かを判断する際に考慮されることとなる事情は、労働者の職務内容及び変更範囲並びにこれらに関連する事情に限定されるものではないというべきである」

以上のとおり、不合理性の判断に際しては、職務内容・責任、人材活用の仕組み・運用とともに、企業の雇用及び人事に関する経営判断と団体交渉による労使自治など「その他の事情」が考慮要素に含まれうることを明らかにしました。

その一方、両最高裁判決が労働契約法20条の解釈に関し積み残した課題はなお存在します。第1は不合理性判断における考慮要素とその判断方法です。「その他の事情」として、具体的にいかなる事由がどのように考慮されるかなどの判断基準自体は明らかにしておらず、下級審裁判例の蓄積を待つ状況にあります。第2は均衡待遇を比較すべき対象正社員の範囲であり、以下では、これまでの下級審裁判例を素材に若干の検討を行うこととします。

不合理性判断の考慮要素——下級審裁判例から

不合理性の判断枠組みについて、日本郵便（大阪）大阪地判2018年2月21日が次の整理を行っており、参考となります。

同判決は、まず日本型労務管理では「一般に労使交渉や個々の労働契約締結の際に、個別の労働条件を設定する場合においては、当該労働条件と密接に関連する労働条件の存否及び内容等、労働条件全体との整合性を踏まえて検討されるのが通例であるし、手当や待遇の中には共通の趣旨を含むものがあることもままみられる」ことを確認し、上記点は「不合理性に係る判断要素である「その他の事情」において勘案して判断することが可能である」ことを明らかにしています。

その上で「被告においては、正社員登用制度が存在し、毎年、一定数の本件契約社員が正社員に登用されている。（運用実績を認定した上で）……同制度の存在により、正社員と期間雇用社員との地位が必ずしも固定的なものでないことは、労契法20条の不合理性の判断においても考慮すべき事情であるというべきである」とし、正社員転換推進措置の有無が「その他の事情」を考慮する上での重要な要素とします。

さらに「本件各労働条件については、それぞれ導入された趣旨及び歴史的経緯、導入に当たっての労使交渉等が存在することに加えて……長期間に亘り継続しており、その間、労使間において労働条件に関する協議等が行われ、その中で本件各労働条件についても決定等されたとうかがわれる。そうすると、本件各労働条件に関する相違の不合理性を判断するに当たっては、以上のような事情も考慮するのが相当」としており、各種労働条件の導入・歴史的経緯と労使交渉・労使協議等が「その他の事情」を判断する上で、重要な考慮要素となることを明らかにしました。

また同判決では、給付ごとの「趣旨」「歴史的経緯」を判断する際、長期雇用を前提とする正社員と短期雇用の非正規社員との間の相違性を一定程度考慮しています。例えば、同判決では、非正規社員は定型業務の習熟度を中心に人事評価がなされている一方、正社員は定型業務の習熟度のみならず、中長期的視点での業績や会社組織への貢献等を含めた「正社員としての職責の履行」が評価されている点などを、「その他の事情」の考慮要素に加えています。

不合理性判断における「その他の事情」の整理

前記下級審裁判例さらには後述する同一労働同一賃金ガイドライン案等を基に、筆者なりに執筆時点（２０１８年６月）での「その他の事情」を整理すると、以下の事由が考慮要素に含まれうるといえます。

①　均衡待遇が問題となる労働条件と密接に関連する労働条件の存否及び内容等・全体との整合性
②　正社員転換推進措置の有無・その実績
③　均衡待遇が問題となる労働条件が導入された趣旨及び歴史的経緯

④ 労働条件の設定・運用に係る労働組合または従業員集団との労使交渉の経緯
⑤ 長期雇用・短期雇用の相違性
⑥ 採用時の労働契約内容等（採用圏の限定、勤務時間帯の特定など）
⑦ その他（改正高年法などの影響等　長澤運輸最高裁判決は後述）

このうち評価が悩ましいのが、前記の日本郵便（大阪）地判でも見られた③の労働条件の導入の歴史的経緯と④の労使交渉の経緯および⑤の長期雇用・短期雇用の相違性と思われます。以下、若干の検討を行います。

不合理性判断と長期雇用への動機付け等――使用者の主観と客観的実態

後述する同一労働同一賃金ガイドライン案をみると、無期雇用フルタイム労働者と有期雇用・パート労働者との賃金、その他処遇の相違理由につき、「将来の役割期待が異なるため」といった「主観的・抽象的説明では足りず」、「職務内容、職務内容・配置の変更範囲、その他の事情の客観的・具体的な実態に照らして不合理なものであってはならない」としています。水町勇一郎教授は同ガイドライン案の考え方について、次の整理を行っており、注目されます（水町『「同一労働同一賃金」のすべて』（有斐閣）69頁以下）。

「これは例えば、正社員の雇用管理区分と非正社員の雇用管理区分を分けている（その雇用管理のなかで賃金の決定基準・ルールが別に設定されている）場合に、長期雇用予定の正社員とそうではない非正社員とは将来に向けた役割や期待が違うため賃金制度を別に設定しているという使用者側の主観的・抽象的な認識・説明では不十分であり、実際に、職務内容が違うとか人事異動の有無・範囲が違うといった客観的・具体的な実態の違いがあるか否かによって不合理性が判断されることを示すものである」。

水町教授はその上で、日本郵便（大阪）大阪地判に見られる「長期雇用の正社員に対し給付を手厚くし、有為な人材の確保・定着を図る」、「長期的な勤務に対する動機付け」などは使用者側の主観的・抽象的な説明・事情にすぎず、それを具体的に基礎づける客観的な実態の違いを考慮して、不合理性を判断すべきとします。一例として「例えば長期雇用のなかでの人事異動（配転義務）の範囲の具体的な違い、および、その実態の違いと待遇の違いとの関連性・相当性（例えば人事異動〈キャリア展開〉の実態の違いに相当する職能給や教育訓練の違いか）」などを挙げています。

多くの企業（とりわけ歴史が長い会社）の賃金・福利厚生は、その歴史的経緯、労使交渉などをたどれば、必ず「正社員の長期雇用への動機付け」などの側面が色濃く反映されているものと思われます。水町説は非正規社員との均衡待遇を判断する際には、同観点は「使用者の主観」にすぎず、客観的な実態の違いがあるか否かを考慮すべきとするものですが、前述した最高裁判決も、同論点については判断しておらず、今後の裁判例の展開が待たれます（なお、賞与の支給水準等につき制度導入経緯と長期雇用・短期雇用の相違性等を理由に20条違反を否定した先行裁判例として、ヤマト運輸事件〈136頁以下〉）。

同一労働同一賃金を誰と比較すべきか

前記のハマキョウレックス・長澤運輸最高裁判決が積み残した課題として、比較対象者の問題もあります。正社員と非正規社員との間で、基本給、手当等が大きく異なることが多々見られますが、その理由を企業に問うと、多くは「職務内容・責任」、さらには「人材活用の仕組み・運用」に起因する旨、説明されることがあります。しかしながら、悩ましいのは前記のとおり、これまでの採用・人材活用等の経緯、さらには労働者本人のモラール、モチベーションや健康状態等を会社側が考慮し、正社員のうち一部を、パート・有期社員等と同様の業務に従事させている例がまま見られる場合です。

このような正社員が若干でも存在している場合、非正規社員とそういった同種職務に従事する正社員との間で比較がなされ、均衡待遇違反と判断されるべきなのでしょうか。あるいは正社員全体と比較がなされ、均衡待遇違反の有無が判断されるのでしょうか。この問題に対し、最近の下級審裁判例であるメトロコマース事件（東京地判2017年3月23日）では次の判断が見られました。

「前記認定のとおり、被告の約600名の正社員のうち売店業務に従事する者はわずか18名であり、大半の正社員は、被告の各部署において売店業務以外の多様な業務に従事している。正社員のうち、専ら売店業務に従事する者は、売店業務を担うLにおいて正社員であった者が、平成12（2000）年の関連会社再編により引き続き被告の正社員として売店業務に従事する場合や、登用制度により契約社員Bから契約社員Aを経て正社員になった者に限られるのであって、その他の正社員は、キャリア形成の過程で一定期間（1、2年程度）売店業務に従事するにすぎない。また、売店業務のみに従事する正社員とそれ以外の正社員とで、適用される就業規則に変わりはない。」
「また、売店業務に限ってみても、代替業務は、原則として正社員及び契約社員Aが行い、契約社員Bは原則として行わないという相違があり、また、正社員は、複数の売店を統括し、その管理業務等を行うエリアマネージャーの業務に従事することがあるのに対し、契約社員Bがエリアマネージャーに就くことはない」
「以上のとおり、被告の正社員と契約社員Bの間には、従事する業務の内容及びその業務に伴う責任の程度に大きな相違があるものと認められる」

以上のとおり、同判決では非正規社員と同じ売店業務に従事している正社員と比較するのではなく、正社員全般との間の職務内容・責任等と比較し、大きな相違を認め、均衡待遇違反の成立を否定しました。

また2018年1月24日、大阪地裁は大阪医科薬科大学の研究室秘書に従事していたアルバイト職員による均衡待遇違反を主張する事案について、労働契約法20条違反を認めず、原告側の請求を棄却する判断を示しました。

同事案でも一部の正社員が研究室秘書として従事していたのですが、判決では研究室の正社員秘書は新卒一括採用され同業務に配置された結果として同業務に従事するに至ったと推認でき、他の部門に配置転換される可能性があるとして、労働契約法20条の不合理性の判断は大学の正職員全体を比較すべき等との判断を示し、20条違反を否定しました。
いずれの事件も原告側は控訴しており、上級審において、均衡待遇違反の比較対象の判断基準がいかに示されるか極めて注目されます。

〈第2章まとめ〉

新たな日本型同一労働同一賃金法制として、２０１３年４月から均衡待遇規定が制定されています。同規定によって、人材活用の仕組み、運用が異なる場合であっても、正社員と比べバランスを欠く処遇であれば均衡待遇違反となり、歴然と救済対象範囲は広がりました。

一方で「均衡」処遇違反をいかに的確に判断し、これを機能させるかにつき、裁判例で試行錯誤が続いている中、２０１８年６月に重要な最高裁判決が示され一定の法的解釈が示されました。さらに２０１８年通常国会では、改正パート・有期雇用法が成立し、立法・行政ガイドラインによる「均衡」処遇が強力に推進されることとなります。次章では同改正法動向について解説することとします。

第3章

さらに「均衡」のとれた職場を求めて

２０１８年通常国会において、新たに同一労働同一賃金関連法が成立しましたが、同法はいかなる内容なのでしょうか。また本改正法が施行されることで企業実務にいかなる影響が生じうるでしょうか。

２０１８年６月末に働き方改革関連法が成立し、２０２０年以降、改正パート・有期雇用法などの同一労働同一賃金関連法が施行されることになります。本章では同改正法内容を概観した上で、とりわけ重要と思われる「均衡待遇」の行政法化の影響につき、解説します。その上で同法と両輪の関係となりうる同一労働同一賃金ガイドライン案（２０１８年６月時点）の内容につき、若干の解説を行うことを通じ、企業実務への影響を確認します。

1　働き方改革と同一労働同一賃金法制との関わり

働き方改革とは

安倍内閣は政権発足後、「一億総活躍社会」の実現を最重要課題とし、この実現のために、3つの矢と的を掲げています。第1の矢が「希望を生み出す強い経済」で、その的が「GDP600兆円の実現」、第2の矢が「夢を紡ぐ子育て支援」で、その的が「希望出生率1・8の実現」、第3の矢が「安心につながる社会保障」で、その的が「介護離職ゼロの実現」としています。これに対し、現状の「日本の働き方」に見られる正社員の長時間労働や非正規雇用の処遇の低さなどが3本の矢を阻んでいることから、一億総活躍社会の実現に向けた最大のチャレンジとして、政府全体として上記の「働き方改革」に取り組む、とするものです。

これを受け、2017年3月28日に政府は「働き方改革実現会議」において、**働き方改革実行計画**（以下、実行計画）を決定し、同年9月には同計画に基づき、「働き方改革を推進するための関係法律の整備に関する法律案要綱」（以下、働き方改革関連法案要綱）が取りまとめられました。その後、衆院解散等から法案提出が先延ばしされていましたが、2018年4月に改めて一部修正の上、法案が国会提出され、同年6月末に可決成立しました。

改正された雇用対策法

同法には合わせて8つの改正法が盛り込まれていますが、このうち働き方改革の基本法に位置づけられるのが、改正雇用対策法です。

我が国においても時代ごとに構造不況による広域労働移動の必要性など様々な雇用問題に直面しますが、求職者・求人企業等の自主的・自発的な活動だけでは容易に同問題を解決できません。そこで国は、雇用問題を解決するために、様々な形で労働市場に介入することとなりますが、その基本法といえるのが雇用対策法です。

これまでは主に構造不況や就職困難者に対する雇用不安の解消を主として国の労働施策を定めていた法律ですが、今回の改正では法律の名称自体を「労働政策の総合的な推進並びに労働者の雇用の安定及び職業生活の充実等に関する法律」に改めるとともに、同法の目的に、これまで見られた「雇用の安定」に加え、「職業生活の充実、労働生産性の向上等」の促進を新たに明記するものです。

さらに同目的を達成するための国の施策として、新たに以下の事項等を追加しました。

「各人が生活との調和を保ちつつその意欲及び能力に応じて就業することを促進するため、労働時間の短縮その他の労働条件の改善、多様な就業形態の普及、雇用形態又は就業形態の異なる労働者の間の均衡のとれた待遇の確保に関する施策を充実すること」。また合わせて、事業主の責務として「その雇用する労働者の労働時間の短縮その他の労働条件の改善その他の労働者が生活との調和を保ちつつその意欲及び能力に応じて就業することができる環境の整備に努めなければならない」ことを明記しています。

以上のとおり、今回の改正雇用対策法では「長時間労働等の是正対策」と「同一労働同一賃金」について、国も労働市場への介入に乗り出すことを明確化しました。

同一労働同一賃金法制の改正概要

これを受け、制定された同一労働同一賃金関連法の改正概要は以下のものとなります。

①不合理な待遇差を解消するための規定の整備（パート労働法、労働契約法、労働者派遣法）

●短時間・有期雇用労働者に関する正規雇用労働者との不合理な待遇の禁止に関し、個々の待遇ごとに、その待遇の性質・目的に照らして適切と認められる事情を考慮して判断されるべき旨を明確化。あわせて有期雇用労働者の均等待遇規定を整備。

派遣労働者について、（a）派遣先の労働者との均等・均衡待遇、（b）一定の要件※を満たす労使協定による待遇のいずれかを確保することを義務化。また、これらの事項に関するガイドラインの根拠規定を整備。

（※）同種業務の一般の労働者の平均的な賃金と同等以上の賃金であること等

②労働者に対する待遇に関する説明義務の強化（パート労働法、労働契約法、労働者派遣法）

- 短時間労働者・有期雇用労働者・派遣労働者について、正規雇用労働者との待遇差の内容・理由等に関する説明を義務化。

③行政による履行確保措置及び裁判外紛争解決手続（行政ＡＤＲ）の整備

①の義務や②の説明義務について、行政による履行確保措置及び行政ＡＤＲを整備。

2 改正パート・有期雇用法について

パート労働法の改正と均衡待遇規定の強化

前述のとおり、「短時間労働者及び有期雇用労働者の雇用管理の改善等に関する法律」(以下、改正パート・有期雇用法)に同一労働同一賃金関連規定が設けられることとなりましたが、そもそも同改正はパート労働法の改正にあたります。

これまでパート労働法はパート労働者の雇用環境改善を目的に、組織体制の整備、均等・均衡待遇、正社員転換推進措置などを定めてきました。同法の施行を担っているのが、厚生労働省・労働局雇用環境・均等室であり、企業に対する様々な助言指導、さらには紛争解決援助などを行っているものです。

このパート労働法を今回改正し、適用対象をパート労働者とともに「有期契約労働者」に拡大し、有期社員にも全面的に同法の適用を行うこととしています。さらに有期社員の均衡待遇を定めていた労働契約法20条を削除した上で、改正法において、一括してパート・有期社員の均衡待遇等を定めることにしました。

また後述するとおり、均衡待遇の規定自体も一部見直しをおこなっています。同改正法の施行については、十分な施行準備期間を設けることが必要であるとされており、大企業は2020年4月1日とする一方、中小事業主については2021年4月1日から施行することとされています。

現行パート労働法の全体像とは

ここでは、まず有期契約労働者にも適用されることとなったパート労働法の全体像を確認しておきます。

①現行パート労働法における体制整備

同法では、労働条件の文書交付等、就業規則の作成手続き、措置の内容の説明、待遇に関する説明のほか、相談のための体制整備、短時間雇用管理者の選任など体制整備に係る様々な規制が設けられています。本改正後は前記の体制整備に係るルールが全て有期社員(とりわけ正社員と所定労働時間が同じであるフルタイム有期)にも適用されることとなります。

②現行パート労働法における均等・均衡待遇

現行パート労働法には前述した均等・均衡待遇に係る一般的規定とともに、賃金、教育訓練、福利厚生に係る均衡待遇規定が整備されています。本改正後はパート社員とともに、新たに有期社員に対しても、本規定が適用されることとなります（図表3－1）。

③社員への転換推進

さらにパート労働法では、通常の労働者への転換措置に係るルールが定められています。有期社員については、労働契約法18条等において、有期契約5年超に対し、無期転換請求権を付与する制度が新設され、2018年4月から権利行使がスタートしていますが、正社員そのものへの転換推進制度は設けられていませんでした。本改正によって、パート社員のみならず、有期社員に対しても、同措置が義務化される点も留意する必要があります。

また本改正では、これに加えて均衡待遇規定、説明責任なども大幅に改正されています。以下では新たに改正された点を中心に解説します。

均等・均衡待遇（新８条を除く）

	教育訓練		福利厚生	
	職務遂行に必要な能力を付与するもの	左以外のもの（キャリアアップのための訓練等）	●給食施設 ●休憩室 ●更衣室	左以外のもの（慶弔休暇、社宅の貸与等）
	◎	◎	◎	◎
	○	△	○	—
	△	△	○	—

図表 3-1　改正パート・有期雇用法における

【パート・有期社員の態様】通常の労働者と比較して、		賃金	
職務の内容（業務の内容及び責任）	人材活用の仕組みや運用等（人事異動の有無及び範囲）	職務関連賃金 ●基本給 ●賞与 ●役付手当等	左以外の賃金 ●退職手当 ●家族手当 ●通勤手当(注)等
①通常の労働者と同視すべきパート・有期社員		◎	◎
同じ	同じ		
②通常の労働者と職務の内容が同じパート・有期社員		△	—
同じ	異なる		
③通常の労働者と職務の内容も異なるパート・有期社員		△	—
異なる	—		

（講ずる措置）
◎…パート・有期社員であることによる差別的取扱いの禁止
○…実施義務・配慮義務
△…職務の内容、成果、意欲、能力、経験などを勘案する努力義務
—…指針に基づき、就業の実態、通常の労働者との均衡等を考慮するように努力義務が課せられる予定

[出所] 厚生労働省『パートタイム労働法のあらまし』を一部修正
[注] ただし、現実に通勤に要する交通費等の費用の有無や金額如何にかかわらず、一律の金額が支払われている場合など、名称は「通勤手当」であっても、実態としては基本給などの職務関連賃金の一部として支払われている場合などは、「職務関連賃金」に当たります。

3 包括的な均衡待遇規定の見直し

均衡待遇規定の改正の背景

これまでパート社員に対してはパート労働法、フルタイムを含め有期社員には労働契約法において均等待遇に係る定め等が設けられていましたが、パート社員と有期社員は雇用現場において、さほど労務管理の実態が異ならないにもかかわらず、以下のような法制上の不整合性が指摘されていました。

まず、現行パート労働法では「短時間労働者の待遇の原則」を定めた条文が設けられており（同8条）、雇用する短時間労働者の待遇と通常の労働者の待遇を相違させる場合は、その待遇の相違は、職務の内容、人材活用の仕組み、その他の事情を考慮して、不合理と認められるものであってはならないとの均衡待遇が定められています。またパート労働法9条では、正社員と同視すべきパート社員に対する差別的取り扱いが定められており、ここでは等しきものを同じく取り扱うことを強く求める「均等待遇」が明文化されています。

これに対し、現行労働契約法では有期雇用労働者と無期社員との間の「均衡待遇」（同20

条）を定める条文は設けられていますが、均等待遇に係る規定は存在しませんでした。さらに派遣法では派遣労働者と派遣先労働者との間の均衡待遇、均等待遇を明確に義務づける定めが存在せず、パート社員であれば適用されるルールがフルタイム有期社員および派遣社員に適用されないという問題が存在したものです。

これに対し、働き方改革実行計画では同問題などを指摘の上、「この状況を改める」こととしており、これを受け、政府は2017年6月16日付「**同一労働同一賃金に関する法整備について（報告）**」を踏まえ、包括的な均衡待遇に係る以下の改正がなされることになったものです。

パート・有期雇用労働者に対する均衡待遇規定の見直し

まず改正パート・有期雇用法では、パート社員のみならず、有期社員も合わせて均等待遇を義務付ける規定を置くこととしました。同規定が整備されることによって、これまで生じていた短時間パート社員とフルタイムパート社員に対する「均等待遇」規定の不整合性も解消されることになります。さらに均衡待遇の規定についても明確化を図るとしており、以下の条文に改正されました（改正法新8条）。

事業主は、その雇用する短時間・有期雇用労働者の基本給、賞与その他の待遇それぞれについて、当該待遇に対応する通常の労働者の待遇との間において、当該短時間・有期雇用労働者及び通常の労働者の業務の内容及び当該業務に伴う責任の程度（職務内容）、当該職務の内容及び配置の変更の範囲その他の事情のうち、当該待遇の性質及び当該待遇を行う目的に照らして適切と認められるものを考慮して不合理と認められる相違を設けてはならない

改正パート・有期雇用法における均衡待遇規定は、これまでの同種規定（パート労働法8条、労働契約法20条）と異なり、不合理性の判断基準に「当該待遇の性質及び当該待遇を行う目的に照らして適切と認められるもの」があることを明確化しました。

均衡待遇が問題となる、賃金その他待遇各々の性質、目的がいかなるものかを均衡待遇判断の中心に位置づけるものであり、前述した最高裁判決と軌を一にするものです（48頁参照）。また後述する「同一労働同一賃金ガイドライン案」を根拠づける重要な規定改正にもあたり注目されます。

改正派遣法における均等・均衡待遇とその例外

これまで派遣労働者については、派遣先労働者との均等・均衡待遇を義務付ける規定は明確には存在しなかったのですが、今回の改正派遣法では、派遣元事業主に対し、派遣労働者に対する派遣先労働者との間の不合理な待遇の禁止等を明確に定める規定が盛り込まれました。さらに派遣労働者と派遣先労働者との間の均等・均衡待遇を確保すべく、派遣先に対し、派遣先の同種業務に従事する労働者の賃金等待遇に関する情報を派遣元業者に提供する義務などの規定を整備すべきものとしました。

その一方、派遣労働者が派遣先を変わるごとに賃金水準が変わることは、派遣元による段階的・体系的な教育訓練等のキャリアアップ支援と不整合を来たし、むしろ雇用の安定性に欠ける場合が生じ得ます。そこで本改正案では派遣元において、従業員過半数を代表する者との間で以下①から⑤の項目に係る労使協定が締結され、同協定が実際に履行されている場合、派遣先労働者との均等・均衡待遇を求めないことを明らかにしました。

①同種業務の一般の労働者の平均的な賃金の額として厚生労働省令で定めるものと同等以上の賃金の額となるものであること

②派遣労働者の職務の内容、職務の成果、意欲、能力又は経験等の向上があった場合に賃金が改善されるものであること
③派遣元事業主は①、②の賃金の決定の方法により賃金を決定するに当たっては、職務の内容、職務の成果、意欲、能力又は経験等を公正に評価し、その賃金を決定すること
④賃金以外の待遇について派遣元事業者に雇われている正規雇用労働者の待遇と比較して不合理でないこと
⑤派遣元事業主は該当する派遣労働者に対し、教育訓練を実施すること

4　説明責任の強化と行政ADR

説明責任の強化

均衡・均等待遇に係る法的紛争が生じた場合、労使いずれが立証責任を負うのかが問題となりますが、厚労省は使用者に対し、非正規雇用労働者自らの待遇の内容に加え、正規雇用労働者との待遇差に関する情報を、事業主から適切に得られ、事業主しか持っていない情報のために、労働者が訴えを起こすことができないといったことがないようにすることが重要

とします。このため改正パート・有期雇用法では、事業主に対し、パート労働者・有期社員から求めがあれば、比較対象となる正規雇用労働者の「待遇差の内容やその理由等」に関する説明義務を課すこととしました（改正法新14条2項）。

事業主はその雇用する短時間・有期雇用労働者から求めがあったときは、当該短時間・有期雇用労働者と通常の労働者との間の待遇の相違の内容及び理由並びに第6条から前条までの規定（※均衡待遇、均等待遇、賃金、福利厚生等の措置を講ずべきこととされている事項）により措置を講ずべきこととされている事項に関する決定をするに当たって考慮した事項について、当該短時間・有期雇用労働者に説明しなければならない。

さらに有期社員についても、新たにパート社員に対する説明義務と平仄を合わせ、雇い入れ段階における労働者に適用される待遇の内容等の説明義務を整備すべきものとしました（改正法新14条1項）。合わせて説明を求めたことを理由とした不利益な取扱いを禁止しています。

事業者は、短時間・有期雇用労働者を雇い入れたときは、速やかに、第8条から前条までの規定により措置を講ずべきこととされている事項（労働基準法第15条第1項に規定する厚生労働省令で定める事項及び特定事項を除く）に関し講ずることとしている措置の内容について、当該短時間・有期雇用労働者に説明しなければならない。

個別労使紛争解決援助制度と均衡待遇

これまでもパート労働法等の均等室所管法令については、都道府県労働局長による個別労使紛争解決援助制度（以下、行政ＡＤＲ）が設けられていました。これは都道府県労働局長が、労働者と事業主との間のトラブルを公正中立な立場から、当事者双方の意見を十分に聴取し、双方の意見を尊重しつつ、問題解決に必要な具体策の提示（助言・指導・勧告）をすることによりトラブルの解決を図る制度です。労働局はこの紛争解決援助手続きを行う場合、当事者からの援助の申し立てに基づき、労使双方から事情聴取をし、助言・指導・勧告します。労使双方がこの援助に従う場合、解決となりますが、これに従わない場合、打ち切りとなります。

さらに均衡待遇調停会議による調停制度が別途設けられています。ここでは調停委員が、当事者である労働者と事業主双方から事情を聞き、紛争解決の方法として調停案を作成し、当事者双方に調停案の受諾を勧告することにより紛争の解決を図る制度となります。調停委員が示した調停案に、当事者双方が合意した場合、これを民法上の和解契約として締結するものであり、その後、当事者の一方が義務を履行しない場合、他方当事者が債務不履行として請求することが可能となります。

2014年から2016年までの援助・調停受理件数は図表3－2のとおりであり、件数自体は低調にとどまっています。その一因としては、均衡待遇（8条関係）の紛争解決を取り扱ってこなかった点もあろうかと思われます。

これに対し、本改正を契機に、行政ADRについても「均等・均衡待遇を求める労働者の救済を幅広く対象としていくことが適当である」としており、行政関与を高めていくことを明らかにしました。今後、同ADR等において、均衡待遇（8条関係）の紛争解決申立の受理件数が急激に増加する可能性も指摘できます。

図表 3-2　紛争解決の援助申立・申請受理件数の推移

（件）

	労働局長による援助の申立受理件数（法第24条）			均衡待遇調停会議による調停申請受理件数（法第25条）		
	2014年度	15年度	16年度	2014年度	15年度	16年度
第6条関係（労働条件の文書交付等）	0	0	1	0	0	1
第9条関係（差別的取扱いの禁止）（旧第8条）	0	1	1	1	0	0
第13条関係（通常の労働者への転換）（旧第12条）	1	0	1	0	0	1
第14条第1項関係（措置の内容の説明）	0	0	1	0	0	0
第14条第2項関係（待遇に関する説明）（旧第13条）	1	0	1	0	0	1
合計	2	1	5	1	0	3

［出所］厚生労働省資料

雇用環境・均等室による行政指導

また改正パート・有期雇用法の施行を担う雇用環境・均等行政は、行政ADRとは別に、事業主に対し、様々な行政指導を展開する予定です。まず改正法新18条1項では「厚生労働大臣は短期間・有期雇用労働者の雇用管理の改善等を図るため必要があると認めるときは……事業主に対し、報告を求め、又は助言、指導若しくは勧告をすることができる」との定めを設け、同条に基づき委任を受けた労働局長（実務上は雇用環境・均等室）が上記指導を行うこととなります。

この行政指導を発動する契機としては、まず職権による場合があります。近年、雇用環境・均等室は局管内にある一定規模以上の事業所に対し、積極的に報告徴収を行っていますが、その過程で法違反等が認められ、改善が見られない場合、上記指導がなされます。また労働者からの申し立て、第三者からの情報等に基づき、報告徴収を実施し、上記指導がなされることも見られます。

このような行政指導がなされる対象については、法文上、「必要があると認めるとき」とするものですが、現行パート労働法の施行通達では「法及び指針によって事業主が講ずべき措置について、これが十分に講じられていないと考えられる場合において、その措置を講ずることが雇用管理の改善等を図るため必要であると認められるとき等をいう」としており、法・指針違反の場合、さらに法違反とはいえないが、法の趣旨に照らして望ましくないものも合わせて指導対象とするものであり、この点の区別が実務上極めて重要といえます。

パート労働法に基づく行政指導の状況

行政指導の内容について、厚労省はまず法違反等があれば「助言」をし、これに従わない場合は「指導」、そしてその指導にも従わない場合は「勧告」となります。いずれも行政指導ではありますが、特に厚生労働大臣による法違反に対する「勧告」に従わない場合、同18条2項において、企業名公表の制度を定めています。

この企業名公表の趣旨としては、行政指導に従わない事業主に対し、公表という制裁を科すことにより行政指導の実効性を確保することを主眼とするものです。なお同勧告・公表はあくまで法違反を対象としたものであり、「法の趣旨に照らして望ましくないもの」を対象とした行政指導は含まれていません。2014から2016年までの行政指導実績は図表3―3のとおりであり、行政ADR受理件数（図表3―2）に比べると、是正指導件数が極めて多いことが分かります。

図表 3-3　雇用環境・均等室が行った是正指導件数の推移

（件）

	2014年度	15年度	16年度
第6条関係 （労働条件の文書交付等）	4,739 （21.6%）	6,343 （21.9%）	6,056 （26.6%）
第7条関係 （就業規則の作成手続）	3,212 （14.6%）	3,511 （12.1%）	1,622 （7.1%）
第9条関係 （差別的取扱いの禁止）（旧第8条）	3 （0.0%）	5 （0.0%）	2 （0.0%）
第10条関係 （賃金の均衡待遇）（旧第9条）	1,155 （5.3%）	1,119 （3.9%）	794 （3.5%）
第11条関係 （教育訓練）（旧第10条）	123 （0.6%）	79 （0.3%）	62 （0.3%）
第12条関係 （福利厚生施設）（旧第11条）	0 （0.0%）	1 （0.0%）	0 （0.0%）
第13条関係 （通常の労働者への転換）（旧第12条）	5,032 （22.9%）	4,401 （15.2%）	4,236 （18.6%）
第14条第1項関係 （措置の内容の説明）	／	3,982 （13.7%）	2,674 （11.8%）
第14条第2項関係 （待遇に関する説明）（旧第13条）	11 （0.1%）	9 （0.0%）	9 （0.0%）
第16条関係 （相談のための体制の整備）	／	2,711 （9.3%）	2,919 （12.8%）
第17条関係 （短時間雇用管理者の選任）（旧第15条）	3,494 （15.9%）	2,726 （9.4%）	2,162 （9.5%）
その他 （指針等）	4,211 （19.2%）	4,137 （14.3%）	2,201 （9.7%）
合計	21,980 （100.0%）	29,024 （100.0%）	22,737 （100.0%）

［出所］厚生労働省資料

法改正による行政指導実務への影響とは

これまでパート労働法8条に定める包括的な均衡待遇規定については、行政指導の対象外とされてきましたが、今回の改正を契機に、行政指導方針についても次の案が示されていま す。「現状では、均等待遇規定については報告徴収・助言・指導・勧告の対象としているが、均衡待遇規定については、報告徴収・助言・指導・勧告の対象としていない。しかしながら均衡待遇規定に関しても解釈が明確でないグレーゾーンの場合は報告徴収・助言・指導・勧告の対象としない一方、職務内容、職務内容・配置変更範囲その他の事情の違いではなく、雇用形態が非正規であることを理由とする不支給など解釈が明確な場合は報告徴収・助言・指導・勧告の対象としていくことが適当である」

その一方で、「なお均衡待遇規定については、従来どおり、公表の対象とはしないことが適当である」のとおり、均衡待遇（8条）については、勧告に従わない事業主に対する企業名公表は適用されないことが明らかにされています。

本改正法施行後の運用では、グレーゾーン以外の「解釈が明確な場合」には均衡待遇規定も指導対象に含めていくこととされました。それでは、この均衡待遇に関し、「解釈が明確」か「グレーゾーン」であるかの線引きは何をもって行うのでしょうか。厚労省は本改正

に合わせて、同一労働同一賃金ガイドライン案を正式決定し、広く周知せしめる予定として
おり、このガイドライン案が前述の線引きに際し、大きな役割を果たすものと思われます。
以下では同ガイドライン案の概要を確認することとしましょう。

5 同一労働同一賃金ガイドライン案とは

同一労働同一賃金ガイドライン案の目的

2016年12月20日、厚労省は同一労働同一賃金ガイドライン案を公表しました。
2018年6月時点では「案」の段階であり、最終的な確定については、遅くとも改正法が施行される2020年4月までに行われる予定です。

同一労働同一賃金ガイドライン案の目的・趣旨ですが、前文では、まず本案の目的として「正規か非正規かという雇用形態にかかわらない均等・均衡待遇を確保し、同一労働同一賃金の実現に向けて策定するものであり、同一労働同一賃金は、いわゆる正規雇用労働者（無期雇用フルタイム労働者）と非正規雇用労働者（有期雇用労働者、パートタイム労働者、派遣労働者）との間の不合理な待遇差の解消を目指すものである」とします。

確かにこれまで述べたとおり、我が国において正規雇用と非正規雇用との間の処遇格差は著しく、均等・均衡待遇を目指すべき点は概ね社会的コンセンサスが得られているものといえますが、他方で賃金その他処遇は、最低賃金制度などを除けば、原則として国家が決定するものではなく、労使間の話し合いおよび労働市場全体の調整で決せられるべき性質のものといえます。このため、政府が同一労働同一賃金の名の下に、非正規雇用の賃金その他処遇を画一的かつ一方的に決するとすれば、これまでの市場経済社会における労使関係、労働市場の調整を全て否定することになりかねませんが、本ガイドライン案はそのような立場を取るものではありません。

「もとより賃金等の処遇は労使によって決定されることが基本である。……それぞれの国の労働市場全体の構造に応じた政策とすることが重要との示唆を得た」とした上で、「同一労働同一賃金の実現に向けて、まずは、各企業において、職務や能力等の明確化とその職務や能力等と賃金等の待遇との関係を含めた処遇体系全般を労使の話し合いによって、それぞれ確認し、非正規雇用労働者を含む労使で共有することが肝要である」とするものです。

ガイドライン案の趣旨・全体像とは

その上で、本ガイドライン案の趣旨では「いわゆる正規雇用労働者と非正規雇用労働者との間で、待遇差が存在する場合に、いかなる待遇差が不合理なものであり、いかなる待遇差は不合理なものでないのか」を示しており、「この際、典型的な事例として整理できるものについては、問題とならない例・問題となる例という形で具体例を付した」とするものです。具体例として整理されていない事例については「各社の労使で個別具体の事情に応じて議論していくことが望まれる」としました。なお本ガイドライン案では、基本給、手当、福利厚生、その他教育訓練の4項目に分け、不合理となる待遇差に係るガイドライン案を示しています。

思うにガイドライン案の前文では、同一労働同一賃金の推進にあたり、「労使の話し合い」「それぞれの国の労働市場全体の構造」の重要性を指摘していますが、ガイドライン確定時に「問題となる例」を具体的に示す際には、十分にその重要性を考慮したものであることが望まれます。以下、ガイドライン案中、重要と思われる項目を紹介し、若干の検討を行います。

ガイドライン案における基本給の考え方

基本給については、以下の前提条件ごとにガイドライン案を示しています。

①労働者の職業経験・能力に応じて支給しようとする場合
②労働者の業績・成果に応じて支給しようとする場合
③労働者の勤続年数に応じて支給しようとする場合

まず同ガイドライン案を手にして、各社の人事担当者がとまどうと思われるのは、自社の基本給・昇給がいずれの前提条件によるものかの判別です。

非正規雇用に対する基本給は、採用当時の労働市場（時給相場）等に影響されやすく、体系的な賃金制度構築に至っていない会社がなお多い上、比較対象とされる正社員の基本給も歴史ある企業であれば、労使関係の積み重ねの中で概ね形成されていきます。その結果、正社員の基本給も振り返ってみれば、労働者の職業経験・能力、業績・成果、勤続年数いずれに応じて支給しようとするものか、にわかに判別しがたい例も多々見られます。

ガイドライン前文にも「我が国の場合、基本給をはじめ、賃金制度の決まり方が様々な要素が組み合わされている場合も多い」とした上で、まずは労使の話し合いで「職務や能力等の明確化とその職務や能力等と賃金等の待遇との関係を含めた処遇体系全般」の確認を求めており、同一労働同一賃金実現に向けた長いプロセスを示唆しています（一方で使用者側の主観的・抽象的な説明のみをもって①〜③の判別が困難とすることも妥当ではなく、判断手法の明確化が課題と言えます）。

基本給のガイドライン案における「問題となる例」

本ガイドライン案では、上記①〜③いずれかの前提条件を非正規・正規労働者ともに満たしている場合、例えば以下の例が問題とします。

まず基本給が職能給的である①の場合に問題となる例としては「基本給について労働者の職業経験・能力に応じて支給しているE社において、無期雇用フルタイム労働者であるXが有期雇用労働者であるYに比べて多くの職業経験を有することを理由として、Xに対して、Yよりも多額の支給をしているが、Xのこれまでの職業経験はXの現在の業務に関連性を持たない」を挙げています。

確かに職業経験・能力を前提とした基本給制度の運用に際し、非正規は厳格に適用する一方、正規はこれに矛盾する運用を行っている場合、賃金制度運用上の整合性は取れない面はありましょう。ただ同例で述べる「現在の業務に関連性を持たない」とする点は、これまでの正社員雇用管理（とりわけ中途採用）を前提とすれば違和感があります。

例えば多様な職業経験を有するものを中途採用する場合、当初の配属は、会社の業務全般の理解を深めさせるために、あえて本人の専門分野と異なる職務に配置することも少なくありません。この場合、会社側は、中長期的に本人の専門分野に配置し、自社での活躍を見越して基本給設定を行うことも想定されるものであり、ガイドライン案が「現在の業務」と基準を絞り込んでいる点には違和感を覚えます（これに対する反論としては、基本給は現在の職務に対応したものとし、将来での配置等に係る部分は「調整給」として扱えば良いとの主張も想定されるが、あまりに賃金制度設計が煩雑になりすぎる問題も生じうる）。

また基本給が成果給的である②の場合の「問題となる例」として、「基本給の一部について労働者の業績・成果に応じて支給しているC社において、無期雇用フルタイム労働者が販売目標を達成した場合に行っている支給を、パートタイム労働者であるXが無期雇用フルタイム労働者の販売目標に届かない場合には行っていない」を挙げています。ここではパートタイム労働者がフルタイム労働者に比べ労働時間が短いことを前提に、「業績・成果に応じた部分につき、同一の支給」、例えば正社員の半分程度の業績であれば、これに応じた支給をなすことを考え方として示すものです。

さらに基本給が勤続給的である③の場合では「基本給について労働者の勤続年数に応じて支給しているB社において、有期雇用労働者であるXに対し、勤続年数について当初の雇用契約開始時から通算せず、その時点の雇用契約の期間のみの評価によって支給している」ことが問題となる例として挙げられています。これは確かに合理性を欠く取扱いといえそうです。

定年後再雇用時における基本給の相違

また近年、定年後再雇用者の処遇が問題となることが多いのですが、本ガイドライン案においても、同問題に係る以下の言及が見られます。

「無期雇用フルタイム労働者と定年後の継続雇用の有期雇用労働者の間の賃金差については、実際に両者の間に職務内容、職務内容・配置の変更範囲、その他の事情がある場合は、その違いに応じた賃金差は許容される。なお、定年後の継続雇用において、退職一時金及び企業年金・公的年金の支給、定年後の継続雇用における給与の減額に対応した公的給付がなされていることを勘案することが許容されるか否かについては、今後の法改正の検討過程を含め、検討を行う」とするものです（長澤運輸最高裁判決の詳細は後述176頁）。

賞与について

新聞報道では同一労働同一賃金ガイドライン案中、この「賞与」が最も大きく取り上げられていました。賞与について本ガイドライン案では「賞与について、会社の業績等への貢献に応じて支給しようとする場合、貢献に応じた部分につき、パート・有期労働者に対し、正社員と同一の支給をしなければならない」としています。また貢献に一定の違いがある場合においては、その相違に応じた支給をすることを求める内容とされています。

ガイドライン案では問題となる例として、まず「賞与について、会社の業績等への貢献に応じた支給をしているC社において、無期雇用フルタイム労働者であるXと同一の会社業績への貢献がある有期雇用労働者であるYに対し、Xと同一の支給をしていない」とします。正社員賞与は一般に会社業績等への貢献等に応じて支給されるのが通例ですが、非正規雇用については、会社業績に対する貢献に応じて、賞与を支給する例はまだまだ多くありません。ガイドライン案は、大きな見直しを求めるものであり、実務上の影響は極めて大と思われます（なお賞与の支給基準を同一にすべきか否かの論点は後述）。

これに対し、使用者側からは「当社の正社員賞与は会社業績等に応じて支給するものではなく、在籍正社員に一律に支給される制度」であり、上記前提を満たさないとの反論も予想されますが、ガイドライン案では、これに対するものとして以下の「問題となる例」を挙げています。

「賞与について、D社においては、無期雇用フルタイム労働者には職務内容や貢献等にかかわらず全員に支給しているが、有期雇用労働者又はパートタイム労働者には支給していない」。このため賞与制度が会社業績または在籍いずれに応じて正社員に支給されていたとしても、非正規雇用労働者に対する賞与制度の見直しが不可避とも受け取れる記述といえます。

役職手当

役職手当は一般に「役職の内容、責任の範囲・程度に対して支給しようとする」手当ですが、近年、小売流通・外食産業などではパート・有期社員が多店舗展開している店長などの役職に従事する例が増えています。この中には少なからず正社員の店長と同様の職務・責任を有する場合が見られますが、パート・有期社員に係る店長手当が正社員に比べ少ないまたは未支給の場合、どのように考えるべきでしょうか。

ガイドライン案では、まさに問題となる例として「役職手当について役職の内容、責任の範囲・程度に対して支給しているC社において、無期雇用フルタイム労働者であるXと同一の役職名（例：店長）で役職の内容・責任も同一である役職に就く有期雇用労働者であるYに、Xに比べ低額の役職手当を支給している」ことを挙げており、上記取扱いは不合理であるとしています。

精皆勤手当・特殊作業手当・特殊勤務手当

製造業等を中心に、賃金支払期間内に遅刻・早退・欠勤をまったくせずに勤務した場合に「皆勤手当」を、ごく一部のみに遅刻・早退・欠勤があった場合に「精勤手当」を支給する例が見られます。同ガイドライン案では、この精皆勤手当について、無期雇用フルタイム労働者と業務内容が同一の有期雇用労働者またはパート労働者には同一の支給をしなければならないとしています。

原則として、業務内容が同一であれば、パート・有期社員に対しても、正社員と同様に精皆勤手当を支給すべき旨示すものですが、他方で次の「問題とならない例」を挙げています。

A社においては、考課上、欠勤についてマイナス査定を行い、かつ、処遇反映を行っている無期雇用フルタイム労働者であるXには、一定の日数以上出勤した場合に精皆勤手当を支給するが、考課上、欠勤についてマイナス査定を行っていない有期雇用労働者であるYには、マイナス査定を行っていないこととの見合いの範囲内で、精皆勤手当を支給していない。

またガイドライン案では、まず業務の危険度または作業環境に応じて支給される特殊作業手当、さらには交代制勤務など勤務形態に応じて支給される特殊勤務手当について、無期雇用フルタイム労働者と同一の職務に従事する非正規雇用労働者には同様に支給されるべきこととします。

通勤手当・出張旅費・食事手当・単身赴任手当

同ガイドライン案では通勤手当・出張旅費、食事手当、単身赴任手当については、同じ会社・場所で働くメンバーとして各々条件が同一であれば、職務内容にかかわらず同じ手当を支給することを求めています。出張旅費については、正社員には規程整備がなされ、遠方出張に際しては旅費とともに出張手当などが日当で支給される一方、非正規社員については、そもそも出張旅費規程などが整備されていない例が多いように思われますが、このような取扱いについても、同ガイドライン案は問題提起を行おうとするものです。その一方、通勤手当については、採用圏限定の有無に応じ、取扱いを異にすることは、「圏内の公共交通機関の費用の限り」において許容することとしています（後述127頁）。

福利厚生施設

福利厚生施設（食堂、休憩室、更衣室）についても、同ガイドライン案では、職務内容等にかかわらず、正社員と有期雇用社員間において同様の取扱いを求めています。さらに転勤用社宅については、転勤の有無、扶養家族の有無、住宅の賃貸、収入の額などの条件を満たす有期雇用労働者等には正社員と同様の利用を認めなければならないと明記されています。

慶弔休暇等

また議論を呼ぶものと思われるのが、慶弔休暇、健康診断に伴う勤務免除・有給保障に係る記述です。同ガイドライン案では有期雇用労働者またはパート労働者にも同様の付与をするよう明記されました。

この慶弔休暇・健康診断に対する有給保障についても、正社員には各種規程が整備されており、一定の賃金保障がなされる一方、有期雇用社員にはこういった制度化がなされていない例が一般的です。同取扱いについても、本ガイドライン案は再考を求めています。

なお取扱いの相違において問題とならない例として、慶弔休暇について、週2日の短日勤務のパート労働者に対し、勤務日の振替での対応を基本としつつ、振替が困難な場合のみ慶弔休暇を付与する例を挙げています。

病気休職

有期労働契約においては、契約期間の終期があるため、私傷病休職制度を設けている例自体が稀と思われます。有期契約社員らが病気休職せざるを得ない場合、実務対応としては一定期間、労務を事実上免除の上、本人が自発的退職するか、または労働契約の期間満了まで解雇猶予し、契約更新をしない例が一般的といえます。

これについて同一労働同一賃金ガイドライン案では有期社員については、労働契約の残存期間を踏まえた付与をしなければならないものとします（無期パートについては後述）。

法定外年休・休暇について勤続期間に応じて認められている場合

また、ガイドライン案では、法定外年休・休暇について、勤続年数に応じて認めている場合、有期雇用労働者等にも同一の付与をしなければならないとします。さらに有期労働契約を更新している場合には、当初の契約期間から通算した期間を勤続期間として算定することを要するとしており、企業対応が容易とはいえません。

以上のとおり、法改正に伴い、均衡待遇に係る事業主の説明責任が強化されるとともに、同一労働同一賃金ガイドラインによる行政指導・行政ＡＤＲなども積極的に展開される可能性があります。

〈第3章まとめ〉

2018年通常国会において成立した改正パート・有期雇用法は、裁判上、試行錯誤が続いていた均衡待遇規定に係る法解釈の一部につき、立法による解釈を明確化させるとともに、行政法規としての側面を強化しました。法施行後、労働局（雇用環境・均等室）が均衡待遇に係る行政指導に新たに乗り出すとともに、労働者からの請求に応じた個別労使紛争解決援助を強化することとしています。また同改正法では、使用者に対し、均衡待遇に係る説明責任を新たに強化しました。

今後、確定される同一労働同一賃金ガイドラインと合わせ、同一労働同一賃金に係る法制上の規制が強化される中、企業として、いかなる対応が必要でしょうか。次章において、すぐに、企業対応が必要な施策について解説します。

第4章

「今そこにある危機」への企業対応

２０１８年６月の最高裁判決および働き方改革関連法の成立を受け、直近として、企業はいかなる対応準備が必要なのでしょうか。

日本型同一労働同一賃金法制、とりわけ均衡待遇が強化される中、まず企業側が直近に対応することとして必要と思われるのは以下５点と思われます。本章では①～⑤の対応策を順に解説することとします。

改正パート・有期雇用法の施行は２０２０年以降となりますが、同法施行までにまず取り組むべきは、以下①～③の対策と思われます。また法施行がなされれば、④、⑤の対応もただちに求められるものであり、その準備も近々の課題といえます。

①パート・有期社員と正社員の職務内容・責任、人材活用の仕組み・運用の見える化
②職務内容が同一である場合、職務関連手当の相違性と理由の見える化
③人材活用の仕組み・運用が同一である場合、住宅手当等の相違性と理由の見える化
④説明責任の対応準備（相違性とその理由等）

⑤改正パート・有期雇用法に基づく相談体制等の整備

1 第1歩としての「見える化」――誰がどの仕事をやっているのかを洗い出す

職務内容の比較手順

改正法対応の最初の第1歩といえるのが、正社員とパート・有期社員の「職務内容・責任」、「人材活用の仕組み・運用」の見える化と比較対象者です。この点をまず明確にさせないことには、均等・均衡待遇に向けた対応は始まりません。パート・有期社員の見える化の手順として以下の流れが考えられます。

①職務内容の比較
②職務における「責任」の比較
③職務変更の有無とその範囲の比較
④配転の有無とその範囲の比較

まず①の職務内容の比較ですが、パート・有期社員と比較対象となる正社員との間の主な

図表 4-1　パート・有期社員と正社員の業務比較

	有期・パート社員労働者		正社員	
①（販売職）	1）接客	○	1）接客	○
	2）品出し	○	2）レジ	
	3）商品の陳列	○	3）品出し	
	4）クレーム処理（一般的）	○	4）クレーム処理（複雑なクレーム）	○
	5）清掃		5）売場のレイアウト変更	○
	6）		6）発注	○
	7）		7）在庫管理	○
	8）		8）パート労働者の勤怠管理	○
	9）			
	10）			

主要な業務に○をつけてください。（○はいくつでも）

業務を比較することとなります。雇用環境・均等室（部）による報告徴収の際にも、事前に図表4－1のような対象業務の比較を求められることがあり、参考となります。

図表4－1のとおり、比較方法としては、両者の職務内容につき、業務分担表、職務記述書等により、個々の業務に分割し、その中から「中核的業務」（主要な業務）といえるものをそれぞれ抽出していくこととされています。厚労省はこの「中核的業務」の判別にあたり、「ある労働者に与えられた職務のうち、当該職務を代表する中核的なものを指し、以下の基準に従って総合的に判断すること」としています。

i　与えられた職務に本質的又は不可欠な要

素であること

ii　その成果が事業に与える影響が大きい

iii　労働者本人の職務全体に占める時間的割合・頻度が大きい

中核的業務の比較方法

同比較の結果、中核的業務が同じであれば、「業務の内容は実質的に同一」となります。また職務内容における個々の業務が両者間で一部異なっていたとしても、人事部内における「給与事務」と「社会保険事務」のように「規定に基づく手続き業務」という共通性を有し、その業務を遂行するのに必要な知識・技能が同じ水準と認められれば、これも「業務の内容は実質的に同一」と認められることがあります。

図表4－1のケースについては、正社員の中核業務（クレーム処理、発注、勤怠管理）が、パート・有期社員と比べ相違が大きく、「実質的に異なる」という判断となります（図表4－2）。

図表 4-2　業務比較のフローチャート

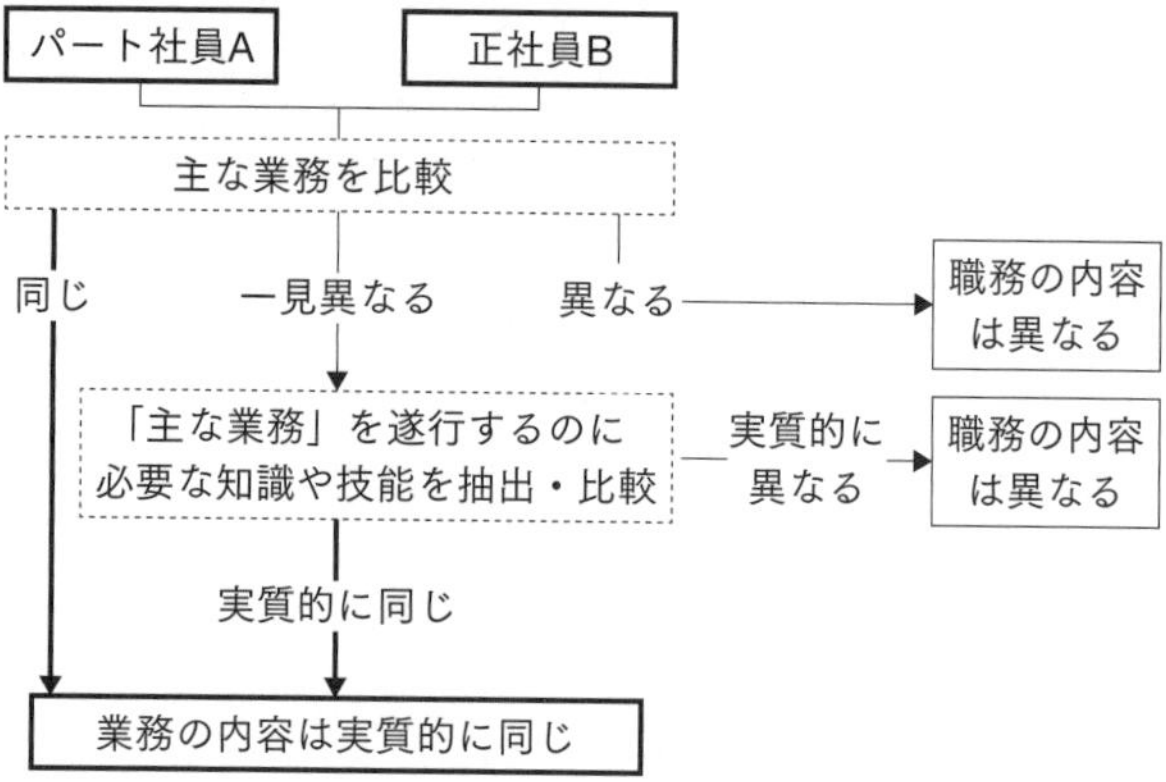

［出所］厚生労働省

職務に伴う責任の程度の比較方法

前記に加えて、「職務内容」の同一性を検討する上で必要不可欠であるのが「責任」です。業務の内容が「実質的に同一である」と判断された場合には、最後に、両者の職務に伴う責任の程度が「著しく異なって」いないかどうかをチェックすることが求められます。そのチェックに当たっては「責任の程度」の内容に当たる以下の事項につき比較する必要があります。

i　授権されている権限の範囲（単独で契約締結可能な金額範囲、管理する部下の数、決裁権限の範囲等）

ii　業務の成果について求められる役割

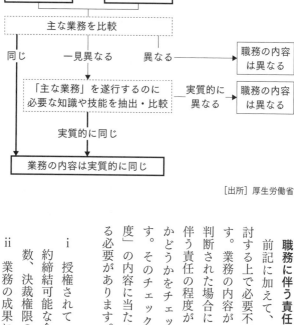

図表4-3「責任の程度」を含めたフローチャート

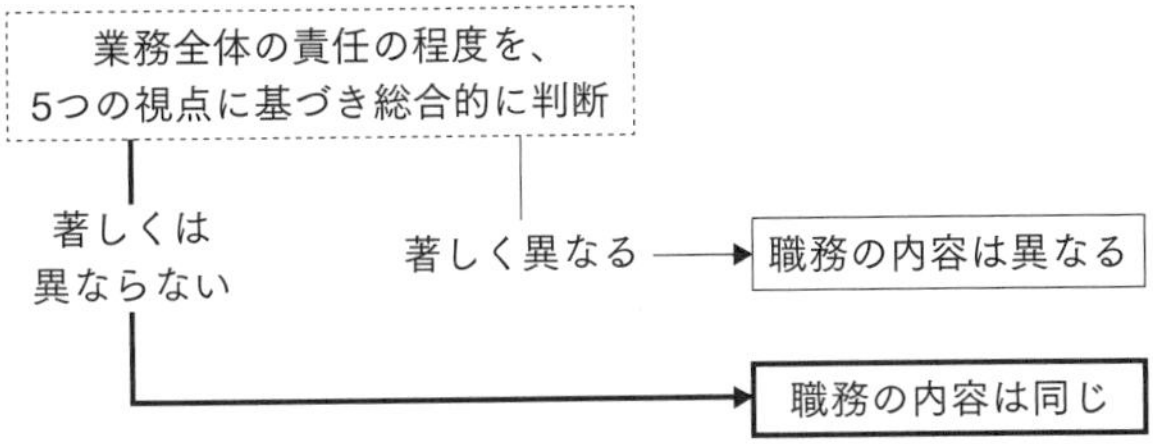

［出所］厚生労働省

iii　トラブル発生時や臨時・緊急時に求められる対応の程度

iv　ノルマ等の成果への期待の程度

v　前記事項の補助的指標として所定外労働の有無及び頻度

この比較について「責任の程度の差異」が「著しい」といえるかどうかを見る必要があり、「部下の人数が1人異なる」などは「著しく異なる」とはいえないとされています。

例えば前記のとおり、業務内容が「規定に基づく手続き業務」という同一性が認められる一方で、給与事務を担当する正社員はクレーム対応や、トラブル発生時の最終対応の責任を担っているが、社会保険事務を担当するパート・有期社員はそのトラブル対応時の責任を一切負わないなど、責任が著しく異なる場合には、職務内容の同一性が最終的に否定されることになります（図表4－3）。

人材活用の仕組み・運用の比較

また日本型同一労働同一賃金法制における大きな特徴といえるのが、「人材活用の仕組み・運用」の同一性に係る比較です。正社員は一般に職種変更、配転等が広範囲に行われる一方、パート・有期社員については地域・職種限定とされ、同相違の有無・範囲等が「均等」はもちろん「均衡」処遇判断に際しても、一定の意味を有することになります。同判断の方法ですが、以下の手順でなされます。

①通常の労働者とパート・有期労働者について配置の変更に関し転勤の有無が同じかを比較
転勤が双方ともある場合→次にその移動が予定されている範囲を比較
②事業場内における職務内容変更の態様
職務内容変更の有無が同一か
同変更により経験する可能性のある範囲が同一か

①と②のいずれも「同一」の場合は、「人材活用の仕組み・運用」も同一となります。
なおパート労働法9条における差別的取扱禁止規定は、前記の職務内容とともに人材活用

の仕組み運用が正社員と同一と見込まれる場合に適用されますが、この「見込まれる」とは、事業主の主観によるものではなく、文書や慣行によって確立されているものなど客観的な事情によって判断することとされています。

また、同比較は「集団」間での比較であり、「特定個人」を比較するものではありません。例えば、ある正社員に育児介護休業などがあった場合、比較する際には、この育児介護休業中の「配慮」取扱いを除いて比較する等とされている点に留意する必要があります。

非正規社員の類型と均衡・均等待遇との関係

以上の点を比較することで、正社員と比較対象となるパート・有期社員の類型は概ね図表4－4のとおり、整理できます。

まず改正パート・有期雇用法9条に定める均等待遇では、前述（20頁）のとおり1の類型のみが法的に問題とされます。1に該当すれば、全ての労働条件に係る正社員との差別的取扱いが禁止されることになります。これに対し、改正パート・有期雇用法8条（労働契約法20条）に定める均衡待遇では、1に該当せずとも、2、3、さらには4区分のパート・有期社員についても、処遇に係る性質・目的に照らし、均衡待遇違反に該当し、使用者が是正を

図表 4-4　正社員と比較対象となるパート・有期社員の類型

区分番号	パート・有期社員区分	職務内容一部重なり	職務内容・責任の同一性	人材活用・仕組みの同一性
1	正社員と同視できるパート・有期（パート労働法9条適用・差別禁止）	○	○	○
2	職務内容・責任が同一なパート・有期	○	○	×
3	人材活用・仕組みの全部または一部が同一なパート・有期	—	—	○
4	職務内容の一部が重なるパート・有期	○	×	×
5	正社員とは異なるパート・有期	×	×	×

求められる可能性が生じます。

非正規社員区分と処遇ごとの均衡待遇

非正規社員の区分は、各々の処遇ごとの均衡待遇を検討する上で、以下のように一定の影響を与えることとなります。

①特定職務に従事したことに対する手当（職務関連手当）

職務内容が一部重なる等の非正規社員（区分1、2、4）に対し、均衡待遇が問題となります。このような重なり合いが認められない非正規社員（区分5）については、均衡待遇の問題が生じません。

②特定の時間帯・労働日に勤務したことに対する手当（職務関連手当）

職務内容（時間帯・労働日含め）が一部重なる非正規社員（区分1、2、4）に対し、均衡待遇が問題となります。重なり合いが認められない非正規社員（区分5）については、均衡待遇の問題が生じません。

③人事異動等を契機とした住宅・転居手当等（生活関連手当）

配転による転居負担に対する補償として正社員手当が支給されている場合、非正規社員の人材活用の仕組み・運用が問題となります。正社員（勤務地限定社員も比較対象に含まれる）と同様の人材活用の仕組み・運用にもかかわらず、その手当が支払われていない場合（非正規社員区分3）、均衡待遇違反が問題となりえます（その他の事情も重要）。

以上のように給付の性質・目的からみて、非正規社員の職務内容・責任、人材活用の仕組み・運用実際が均衡待遇判断に際し、一定の影響を与えることがあります。その一方、給付の性質・目的上、職務内容・人材活用の仕組み等と関わりが認められないものも存在します。また前記①～③の手当についても、その他の事情を勘案することで、均衡待遇上の公平性が保たれている場合も生じうるものであり、改正パート・有期雇用法における「その他の事情」が極めて重要な考慮要素となります。

2 各種給付ごとの均衡待遇について

均衡待遇判断における判断事由

前記のとおり、改正パート・有期雇用法8条が定める「均衡待遇」判断に際しては、「職務内容」「人材活用の仕組み・運用」とともに「その他の事情」を含め、「当該待遇の性質及び当該待遇を行う目的に照らして適切と認められるものを考慮して、不合理と認められるか否か」が判断されることとなります。「その他の事情」については、前にも記しましたが以下の事由が考慮要素に含まれうるものと考えます。

① 均衡待遇が問題となる労働条件と密接に関連する労働条件の存否及び内容等全体との整合性
② 正社員転換推進措置の有無・その実績

③　均衡待遇が問題となる労働条件が導入された趣旨及び歴史的経緯
④　労働条件の設定・運用に係る労働組合または従業員集団との労使交渉の経緯
⑤　長期雇用・短期雇用の相違性
⑥　採用時の労働契約内容等（採用圏の限定、勤務時間帯の特定など）
⑦　その他（改正高年法などの影響等）

以下では給付ごとに「その他の事情」の考慮要素を含め、実務対応策につき検討しますが、厚労省「同一労働同一賃金の実現に向けた検討会中間報告」（2016年12月）を見ると、「手当を優先的に」との項目で次の記述が見られます。

「具体的に取り組むにあたっては、比較的決まり方が明確であり、職務内容や人材活用の仕組みとは直接関連しない手当に関しては、比較的早期の見直しが有効かつ可能と考えられる」とするものです。これまでの裁判例および法施行後の行政ADR、報告徴収等においても、まずは優先的に「手当」の均衡待遇が問題となる可能性が高く、本章では「手当」の中でも、とりわけ問題といえる職務関連手当の「皆勤手当」、「特殊勤務手当」、「勤務日・時間帯手当」「特別残業手当・早出残業手当」、生活関連手当である「通勤手当」、「遠距離通勤手当」、「住宅手当」、そして「賞与」を取り上げ、実務対応策について解説します。

各種給付ごとの比較の視点――皆勤手当から

手当ごとの均衡待遇対応を進めるにあたり、最初の第1歩となるのが、正社員に対する各種手当の内容とその性質・目的、給付内容・要件などの洗い出しです。現在、正社員に対して、いかなる手当を支給しているのか、そしてその性質・目的とは何か、さらに給付内容・要件を一通りリストアップすることが必要です。その上でパート・有期社員に対し、正社員への手当に対応する同一ないし類似の給付の有無・内容を書き出し、差異があれば、その内容と理由を明らかにする必要があります。

まずはハマキョウレックス最高裁・長澤運輸最高裁判決において、ともに均衡待遇違反とされた「皆勤手当」について見てみましょう。ハマキョウレックス最高裁判決では、同社の「皆勤手当」の趣旨・目的について、次の判断を示しています。

「この皆勤手当は、上告人が運送業務を円滑に進めるには実際に出勤するトラック運転手を一定数確保する必要があることから、皆勤を奨励する趣旨で支給されるものであると解される」とするものです。このように同皆勤手当はトラック運転手の皆勤を奨励する目的で正社員に支給されているものですが、他方で同じトラック運転業務に従事する契約社員には支給されていませんでした。

分類	項目	給付の性質・目的・内容	非正規社員区分と手当
職務関連手当	皆勤手当	（性質・目的）トラック運転手の皆勤を奨励する趣旨で支給 （内容）全営業日に出勤したときには、皆勤手当として月額１万円	職務内容（トラック運転）が同一の契約社員あり（区分２）。この契約社員には皆勤手当の制度は一切設けられておらず

ハマキョウレックス最高裁判決は「契約社員と正社員の職務の内容は異ならないから、出勤する者を確保することの必要性については、職務の内容によって両者の間に差異が生ずるものではない。また、上記の必要性は、当該労働者が将来転勤や出向する可能性や、上告人の中核を担う人材として登用される可能性の有無といった事情により異なるとはいえない」等とし、労働契約法20条違反と判断したものです（長澤運輸最高裁判決も同旨）。

皆勤手当の不支給が均衡待遇違反にならない場合

実はハマキョウレックス事件控訴審（大阪高判２０１６年7月26日）では、皆勤手当の均衡待遇違反が否定されていましたが、不合理ではないとした理由の一つに、「契約更新時の昇給」が挙げられていました。有期社員が全営業日に出勤した場合には、「基本給である時間給の見直し（時間給の増額）が行われることがあり得るのであり、現に……1150円から1160円に増額されていたことを指摘することができる」等と判示していたのです。

これに対し、同最高裁判決は「本件労働契約及び本件契約社員就業規則によれば、契約社員については、上告人の業績と本人の勤務成績を考慮して昇給することがあるとされているが、昇給しないことが原則である上、**皆勤の事実を考慮して昇給が行われたとの事情もうかがわれない**」とし、高裁判断を斥けました。同判示から見ると、仮に有期社員に対し、皆勤手当は支給しない一方で、契約更新段階で同人の出勤状況を勘案し、昇給させる制度設計と運用が明確化されていた場合には、労働契約法20条違反に該当しなかった可能性が示唆されます。

分類	項目	給付の性質・目的・内容	非正規社員区分と手当	差異の有無・内容
職務関連手当	皆勤手当	（性質・目的）トラック運	職務内容（トラック運転）	有り

		転手の皆勤を奨励する趣旨で支給 （内容）全営業日に出勤したときには、皆勤手当として月額1万円	が同一の契約社員有り（区分2）。同契約社員には皆勤手当の制度は設けられておらず	ただし契約更新時に、前回契約時に皆勤が認められた場合、基本時給を昇給させる制度が設けられ、現に運用されている

以上のとおり、手当ごとに均衡待遇の検討を行う際には、給付の性質・目的・内容等を確認するとともに、雇用契約締結・更新時内容なども含め、「バランス」が取れた処遇であるか否かの検討を必要とします（これが前記の「その他の事情」に該当する）。

特殊勤務手当について

ハマキョウレックス事件においても「業務手当」等で問題となった「特殊勤務手当」を取り上げます。次では、一例としてフォークリフト特殊勤務手当を取り上げました。同ケースでは、現場内でフォークリフト業務に従事した場合、正社員には月額5000円の手当を支給している一方、パート・有期社員にはその手当が支給されていません。

分類	項目	給付の性質・目的・内容	非正規社員区分と手当
職務関連手当	フォークリフト特殊勤務手当	有資格者である正社員が、業務繁忙等のため通常業務ではない「フォークリフト業務」に従事した場合における心身の負担に報いるために支給 （内容）月額５０００円	業務（フォークリフト）が重なる非正規社員有り（区分４）。特に当該手当の支給なし

右記のとおり、同じフォークリフト業務を行っているにもかかわらず、正社員に対し職務関連手当が支給され、非正規社員に支払われないことは、均衡待遇（改正パート・有期雇用法8条）から見て「不合理」と主張される可能性があります。

その一方、このケースにおいて、比較対象となるパート・有期社員を採用する際、フォークリフト有資格者には、同業務が必須である旨明示し、基本時給に例えば50円を加算していた場合はどうでしょうか。結果として、月あたりの特別手当総額は同様の業務に従事した正社員、パート・有期社員ともにおおむね同様であれば、同人にフォークリフト特殊勤務手当が支給されていなかったとしても均衡待遇違反には該当しないものといえましょう。

分類	項目	給付の性質・目的・内容	非正規社員区分と手当	差異の有無・その理由
職務関連手当	フォークリフト特殊勤務手当	有資格者である正社員が、業務繁忙等のため通常業務ではない「フォークリフト業務」に従事した場合における心身の負担に報いるために支給 （内容）月額５０００円	業務（フォークリフト）が重なる非正規社員あり（区分４）。同人らに対して、当該手当の支給なし	有り（手当なし） ただし非正規社員と契約締結時にフォークリフト業務が発生することをあらかじめ明示し、時給設定に際しても、その負担を考慮した時給設定としているもの（この業務のないパートに比べれば時給加算50円。月間あたり平均４５００円〈正社員への特別手当平均実績５０００円とほぼ同様〉）

勤務日・時間帯等に応じた手当

長い労使関係を有する企業の中には、正社員の現業職に対し、勤務時間帯・勤務日に応じて、様々な手当を支給している例が見られます。年末年始手当などが挙げられますが、そういった手当が支給されるに至った経緯をみると、年末年始の勤務がない正社員との公平を期すべく、手当化がなされることがあります。

その一方、こういった手当が同様の時期・時間帯に勤務する非正規社員に対して支払われていない場合、これは均衡待遇違反にあたるのでしょうか。

分類	項目	給付の性質・目的・内容	非正規社員区分と手当
職務関連手当	年末年始勤務手当	(性質・目的) 多くの国民が休日となる年末年始の期間 (12・29―1・3) に労働に従事したことへの対価として一定額を基本給とは別に支給 (内容) 年末は1日4000円、年始は1日5000円	年末・年始に正社員と同一ないし重なり合う業務に従事する非正規社員あり (区分2、4) 特段手当を支給せず

右記のケースについては、該当する非正規社員に対しても同様の手当が支給されてしかるべきものと思われます。現に日本郵便（東京）事件地裁判決では、年末年始勤務手当について、会社側は前述の「正社員間の公平性」を目的とした制度であることを根拠に、非正規社員との差異は不合理ではないと主張しましたが、判決では均衡待遇違反を認めています。

その一方、夜間勤務手当など勤務時間に応じた手当が正社員に支給され、同様の業務に従事する非正規社員に支給されていない場合も見られます。これも同様に均衡待遇違反といえるでしょうか。

分類	項目	給付の性質・目的・内容	非正規社員区分と手当
職務関連手当	夜間特別勤務手当	（性質・目的）正社員が勤務シフトによって夜間勤務が必要となる場合に夜間勤務が必要のない他の業務に従事する正社員との公平を図るために支給 （内容）１日あたり１０００円	夜間時間帯に正社員と同一ないし重なり合う業務に従事する非正規社員あり（区分２、４） 手当なし

会社側が何ら非正規社員への処遇を顧みることなく、このような取扱いを行っていたとすれば、均衡待遇違反が認められますが、パート・有期社員のこういった処遇に際し、以下の点も「その他の事情」の考慮事由となりえます。

募集・採用段階での勤務時間帯に係る説明・同意と基本時給設定時の加算有無です。

一般にパート・有期社員を募集・採用する際には、勤務時間帯や勤務日等の予定をあらかじめ伝えているのが通例です（募集段階で「早朝・深夜時間帯の勤務を募集」など）。パート・有期社員側も「深夜時間帯」の勤務で同意し、時給決定時に深夜時間帯であることが考慮され、一定額の加算がなされていたとすれば、正社員と同様の「夜間勤務手当」が支給されていなくても、必ずしも均衡待遇違反に該当しないこととなります（もちろん正社員・パート・有期社員ともに労基法に基づく深夜割増賃金などが支給されていることが前提）。

特別残業手当・早出残業手当

企業によっては、正社員の所定時間外労働に対し、労基法の基準を上回る割増手当を支給している例が見られます。そういった手当が同様に時間外労働に従事する非正規社員に対し支給されていない場合、均衡待遇違反に該当するでしょうか。

特別残業手当の趣旨・目的が問題となります。同手当の趣旨・目的があくまで時間と労働に対する特別割増賃金であり、該当する支払いをもって時間外労働等を抑制する目的と解される場合、同様の時間外労働に従事する非正規社員にこういった手当を支給しないことは、説得性に欠けるものといえます。

地裁判断（メトロコマース事件）でも、会社側は長期雇用を前提とした正社員に対してのみ、福利厚生を手厚くしたり、有為な人材の確保・定着を図る目的の下、支給していた等と主張しましたが、判決では、同手当の趣旨は時間外労働の抑制にあるとし、かかる趣旨に照らせば、使用者はそれが正社員であるか、パート・有期社員であるかに関わらず、等しく割増賃金を支払うのが相当と判断され、会社側主張が退けられています。

分類	項目	給付の性質・目的・内容	非正規社員区分と手当	差異理由
職務関連手当	早出残業手当（メトロコマース）	（性質・目的）時間外労働に対する特別割増賃金として支給（裁判所は割増賃金の趣旨は、時間外労働等を抑制することにあると判断） （内容）所定労働時間を4時間超える業務が生じた場合、初めの2時間までは1時間につき2割7分、2時間を超える時間については3割5分増	職務の一部が重なり合う非正規社員あり（区分4）。同人に対する手当なし。ただし時間外労働に対して、労基法に基づく割増賃金は支給済み	会社側は長期雇用を前提とした正社員に対してのみ、福利厚生を手厚くしたり、有為な人材の確保・定着を図る目的の下、正社員のみに支給していたと差異理由を主張 これに対し裁判所は、同手当の趣旨は時間外労働の抑制にあるとし、かかる趣旨に照らせば、使用者はそれが正社員であるか、有期社員であるかに

				かかわらず、等しく割増賃金を支払うのが相当と判示

これに対し、正社員に対してのみ支給されている早出残業手当が必ずしも均衡待遇違反に該当しないとしたのが、日本郵便事件地裁判決（東京・大阪）です。

同事案における「早出残業手当」の性質ですが、時間外割増手当とは異なり、早出・遅出シフトとなった正社員が、通常勤務の正社員と比べ負担が重いため、賃金上の公平を期すべく労使交渉の下、制度導入に至ったものと判断されました。つまりは前記の時間帯手当と同様の趣旨・目的のものと解されたものです。その上で、早出・遅出シフトに従事する非正規社員は募集・採用時点でその旨明らかにされている上、時給単価に加算され、別途手当も支給されていることから、均衡待遇違反の成立を否定しました。実務対応上も極めて参考になる事例と思われます（左の表）。

分類	項目	給付の性質・目的・内容	非正規社員区分と手当	不合理性の有無・差異理由
職務関連手当	早出残業	（性質・目的）正社員が勤	職務の一部が重なり合う	不合理性・無（地裁判断）

	手当（日本郵便）	務シフトによって早出・夜間勤務が必要となる場合に早出・夜間勤務が必要のない他の業務に従事する正社員との公平を図るために支給（内容）正規シフトで定める始業時間が午前7時以前または終業時刻が午後9時以降となる勤務に4時間以上従事した場合、始業・終業時刻に応じて、350円～850円支給	非正規社員あり（区分4）。同人に対する同一の手当なし。ただし募集・採用段階で勤務時間を特定し、契約。また始業・終業時刻が早出・夜間に該当し、1時間以上勤務した場合、勤務1日につき200円～500円支給	非正規社員募集や採用の段階で、勤務時間帯を特定した上で雇用契約を締結し、その特定された時間帯が早朝・夜間であれば時給単価を高く設定。また上記手当もあること等と会社側が差異理由を主張し、裁判所もこれを認めたもの

通勤手当と均衡待遇

厚労省は労働契約法の公布通達（2012年8月10日基発0810第2号）で以下の解釈を示していました。「とりわけ、通勤手当、食堂の利用、安全管理などについて労働条件を相違させることは、職務の内容、当該職務の内容及び配置の変更その他の事情を考慮して特段の理由がない限り合理的とは認められないと解されるものであること」

まず食堂の利用、安全管理については議論するまでもなく、雇用形態のみを理由とした取扱の違いは均衡待遇違反に該当しえますが、問題となるのが、通勤手当です。

会社によっては、正社員に対し通勤手当を支給する一方、非正規社員については、一切通勤手当を支給しない例が見られます。通勤手当の目的が「通勤に要した交通費等の全額または一部を補塡する性質」とすれば、正社員と職務内容・責任、人材活用の仕組み・運用が異なる非正規社員であっても、その目的から鑑みて、同様の支給がなされて然るべきといえるものです。これを表に示すと次のとおりとなります。

分類	項目	給付の性質・目的・内容	非正規社員区分と手当
生活関連手当	通勤手当	（性質・目的）通勤のために要した交通費等の全額または一部を補塡する性質 （内容）通勤に要する実費全額支給	非正規社員全て（区分1～5）に対し、特に当該手当の支給なし。

またハマキョウレックス最高裁判決は「通勤手当は、通勤に要する交通費を補塡する趣旨で支給されるものであるところ、労働契約に期間の定めがあるか否かによって通勤に要する費用が異なるものではない。また、職務の内容及び配置の変更の範囲が異なることは、通勤

に要する費用の多寡とは直接関連するものではない。加えて、通勤手当に差異を設けることが不合理であるとの評価を妨げるその他の事情もうかがわれない」と判示しています。最近も同様に通勤手当に係る均衡待遇違反を認めた裁判例が相次いで示されており、通勤手当の支給については、原則として非正規・正規ともに同様のものに制度見直しをすることが求められています。

遠距離通勤手当と均衡待遇

それでは、契約社員から通勤手当に関し、以下のような申立を受けた場合、均衡待遇はいかに判断されるでしょうか。

【事例】私（鈴木）は勤務地限定の契約社員ですが、以前勤務地近くに住んでいたため、その際は通勤手当が不要でした。しかしながらその後、夫の転勤に伴い、今は遠距離通勤していますが、都内での通勤手当相当額の1万円しか支給されていません。その一方、正社員の田中さんは、同じ最寄り駅から通勤しているのですが、私と田中さんの通勤手当を比較すると、田中さんには特急代なども含め長距離通勤に要する実費が補助されており、月額で3万円以上の長距離通勤手当が支給されていると聞きました。
私は田中さんと同じ仕事・責任を負っている上、仕事を教えているのは私の方です。にもかかわらず、通勤手当に前記のような違いがあることは、最近よく報道されている「同一労働同一賃金」に照らして許されないのではないでしょうか。

同設問では「長距離通勤手当」の不支給（都内分は支給）が均衡待遇違反か否か問題となっていますが、この問題について、安西愈弁護士は労働局の説明会要旨を以下のとおり引用し、正規と非正規との間で通勤手当の相違があったとしても、「特段の理由がある場合」には均衡待遇違反に該当しないと説明しています（安西愈『雇用法改正　人事・労務はこう変わる』１６６頁以下（日経文庫））。

「通勤手当であっても、「勤務地限定の有期契約労働者については、徒歩ないし自転車で通勤できる範囲に居住していることを労働条件とし、通勤手当を支給しておらず、一方、無期契約労働者については、通勤手当を実費で支給している場合」について、「無期契約労働者については徒歩ないし自転車では通勤困難な事業所への異動があり得るのであれば、「職務の内容及び配置の変更の範囲」を考慮して、通勤手当の支給の有無という相違は、一般的には、法第20条の不合理性の判断において、不合理と認められないものと解される。」（厚労省担当者説明会回答）といった見解もなされています」

遠距離通勤手当の扱い

さらに本設問のような長距離通勤に関し、同一労働同一賃金ガイドライン案では以下の場合は均衡待遇上、「問題とならない例」としています。

「採用圏を限定していない無期雇用フルタイム労働者には交通費実費の全額を支給し、採用圏を近隣に限定しているパートタイム労働者にも（採用圏内での）交通費実費の全額を支給しているが、パートタイム労働者が本人都合で圏外に転居した場合に採用圏内の公共交通機関の費用の限りで通勤手当を支給することは、不合理とはいえない」。これについて、水町勇一郎教授は以下の解説を行っています（『「同一労働同一賃金」のすべて』（有斐閣）80頁脚注36）。「理論的には、採用圏限定ゆえの通勤手当の限定は不合理とはいえず、かつ、本人都合で転居した場合に通勤手当の限定を維持することも不合理とはいえないと考えられることの帰結である」。

以上のとおり、先ほどの設問においても、有期社員の鈴木さんを採用する際、採用圏を限定しており、鈴木さんの私的事情で転居が生じた場合であれば、正社員との間で長距離通勤手当の支給基準を異にしたとしても、「人材活用の仕組み・運用」に起因するものといえ、「不合理とはいえない」との帰結が導き出されるものと思われます。

住宅手当と均衡待遇

首都圏などの都心部では、賃貸物件を含めて住宅に要する費用負担が比較的重い傾向が見られます。このため各種手当の中でも、労働者から見て、住宅手当が支給されるか否かは極めて大きな影響が生じえます。この住宅手当は前記の同一労働同一賃金ガイドライン案には、考え方が明記されていませんが、すでに裁判例（日本郵便（大阪）事件大阪地判2018年2月21日等）では一定の判断が示されたものが見られます。ここでは同裁判例を素材に住宅手当について検討します。

そもそも住宅手当が支給される背景としては、会社による人事異動が挙げられます。これまで我が国では、一般に正社員は全国転勤を契約の前提としており、実際に教育目的、人事交流など多種多様な目的の下、遠隔地への配転などが日常的に行われていました。この配転に際しては、住宅の確保に対する会社側支援が当然に求められることとなり、賃金制度において定着をみたのが「住宅手当」になります。

正社員には転勤・配転がある一方、パート・有期社員は地域限定であり、契約上も配転可能性がないとすれば、後者に対し、「住宅手当」が支給されないことも、その給付の性質・目的に照らして、不合理とはいえません。その一方、パート・有期社員の中には、勤務地が限定されず、広範囲な異動可能性が生じうる雇用形態の者も少なからず生じ得ます。この場合、いかに考えるべきでしょうか。

正社員と同様の人事異動・配転可能性があるのであれば、その非正規社員に対し、住宅手当が支給されないことは「不合理」となる可能性が指摘できます。

分類	項目	給付の性質・目的・内容	非正規社員区分と手当	差異の有無・内容	差異理由
生活関連手当	住宅手当	(性質・目的)配転により勤務地が変更される可能	正社員と同様に人事異動・配転可能性の	有り・手当なし	特になし

		性がある正社員に対し、住宅費の負担を軽減して長期的雇用のインセンティブを付与することを目的に支給 （内容）家賃額等に応じて支給されるが、最大で月額３万円	ある非正規社員（区分1、3） （給付）手当なし		

地域限定正社員と住宅手当

近年、正社員の中でも、「地域限定正社員」など勤務地が限定される雇用区分が次第に制度化されつつあります。このような地域限定正社員に「住宅手当」が支給される一方、同様の範囲内での勤務地限定が付されている契約社員にそういった手当が支給されていない場合、どのように考えるべきでしょうか。

前記日本郵便（大阪）事件等において、まさに争われた事案類型ですが、同地裁判決では「①住宅手当の支給額は、家賃の額や住宅購入の差異の借入額に応じて決定されていることに照らすと、被告において、住居手当が支給される趣旨目的は、主として、配転に伴う住宅に係る費用負担の軽減という点にあると考えられること、②（対象となる地域限定正社員は）本件契約社員と同様に、転居を伴う配転が予定されていないにもかかわらず、住宅手当が支給されていること……等に鑑みれば……労働条件の相違は不合理なものといわざるを得ない」等と判示しています。

これは同社の手当制度が矛盾を来しているものであり、不合理性を指摘されてもやむを得ないものと思われます（同社はその後、勤務地限定社員に対する住宅手当を廃止する方向で検討を進めています〈2018年4月13日朝日新聞朝刊〉）。

賞与について

前記のとおり、同一労働同一賃金ガイドライン案では、「賞与について、会社の業績等への貢献に応じて支給しようとする場合、貢献に応じた部分につき、パート・有期労働者に対し、正社員と同一の支給をしなければならない」とします。

このように非正規社員に対し、貢献に応じた賞与の均衡待遇を強く明記しており、改正パート・有期雇用法と同ガイドライン施行後は、行政による指導強化が行われる可能性があります。まずはパート・有期社員に対する賞与制度の整備が求められているものです。

他方で、賞与制度を整備するとして、パート・有期社員に対し、正社員と同一水準の賞与を支給しなければならないのかが問題となります。悩ましいのがガイドライン案における「貢献」の中身です。非正規社員が正規社員と一部同様の業務に従事していたとしても、正規社員は困難業務対応や労務管理・教育指導など他業務に従事し、相応の責任が生じていることが少なくありません。また人材活用の仕組み・運用も異なりうるものです。

このような場合、正社員と非正規社員が一部同様の業務に従事していることをもって、会社貢献が同様と解し、賞与等につき同一水準の支給を行うよう、使用者に義務づけられるべきなのでしょうか。

ヤマト運輸事件（仙台地判2017年3月30日）において、まさに賞与の均衡待遇が争点となりました。同判決では、正社員と非正規社員が同様の運行乗務業務に従事していることを認める一方、正社員は大型運行車両の乗務を行ったり、部下の労務管理、勤務表の作成、教育指導および不測事態対応などに従事していたことから次のとおり判示しています。

正社員に「期待されている役割、職務遂行能力の評価や教育訓練等を通じた人材の育成等による等級・役職への格付けを踏まえた転勤、職務内容の変更、昇進、人材登用の可能性といった人材活用の仕組みの有無に基づく相違があり、職務の内容及び配置の変更の範囲には違いがあり、その違いは小さいものとはいえない」

このことから同社における非正規社員と正社員の賞与算定方法の相違（正社員に対してのみ賞与算定基礎額の調整、成果加算を支給。その他は同様）については、正社員賞与につき、職務内容・人材活用の仕組み等の違い、具体的には「転勤、昇進の有無や期待される役割の違いに鑑みれば、長期的に見て、役職に任命され、職務内容の変更があり得る（正社員）について成果加算をすることで賞与に将来に向けての動機付けや奨励（インセンティブ）の意味合いを持たせることとしていると考えられる」とします。

一方で非正規社員については、昇進等は予定されておらず、今の職務を誠実に履行することが求められているのですが、賞与算定に際し「与えられた役割（支店等）において個人の能力を最大限に発揮することを期待されている（非正規社員）については、絶対評価とし……個人の成果に応じてより評価をしやすくすることができるようにした」ものであり、正社員と非正規社員との賞与の「査定の方法の違いが不合理であるとはいえない」としました。

同判決のとおり、賞与支給の趣旨・目的の実際をみると、成果に対する報酬のみならず、正社員に期待する役割、職務遂行能力の評価や教育訓練等を通じた人材育成など長期雇用を前提とした評価も多分に有しており、その点を重視した裁判例といえます。

今後、同一労働同一賃金ガイドライン案、改正パート・有期雇用法が施行された後、賞与につき、正社員と同様の水準での支給を求めるような行政ADR、行政指導がなされるか否かが注目されますが、裁判例がこれと異なる判断を示す限り、「グレーゾーン」の問題といわざるを得ず、行政も抑制的な行政指導等にとどまる可能性が高いと思われます。

3 説明責任への対応

雇い入れ時の説明義務への実務対応

次に改正パート・有期雇用法では、使用者に対する説明責任の強化がなされており、企業における実務対応策も極めて重要な課題です。まず均等・均衡待遇の取組みを促進すべく、本改正では、パート社員そして新たに有期社員の雇い入れ時に「事業主が講じる雇用管理の改善等の措置の内容」について説明しなければならない（法第14条1項）こととされています。なお、この雇い入れ時には、有期労働契約の更新も含まれており（更新をもって「雇い入れ」ることになるため）、更新の都度、こういった説明が改めて必要となります。

問題は雇い入れ時に義務付けられる説明内容ですが、以下、例を示します。

事業所において法に基づき事業主が実施している各種制度等についての説明例として

①法8条について、雇い入れるパート・有期社員の基本給、賞与その他の待遇のそれぞれについて、通常の労働者の待遇との間において、当該待遇の性質及び当該待遇を行う目的に照らして適切と認められるものを考慮して、不合理と認められる相違を設けない旨説明する。

②法9条については、雇い入れるパート・有期社員が通常の労働者と同視すべき要件に該当する場合、通常の労働者との差別的取扱いをしない旨説明する。

③法10条については、職務の内容、職務の成果等のうちどの要素を勘案したどのような賃金制度となっているかを説明。

④法11条については、パート・有期社員に対しどのような教育訓練が実施されているかを説明。

⑤法12条については、パート・有期社員がどのような福利厚生施設を利用できるかを説明。

⑥法13条については、どのような通常の労働者への転換推進措置が実施されているかを説明。

説明方法としては、事業主がパート・有期社員を雇い入れたときに、パート・有期社員ごとに説明を行うほか、雇い入れ時の説明会等において複数のパート・有期社員に同時に説明を行う等の方法によっても、差し支えありません。また口頭による説明方法のほか、「説明すべき事項を漏れなく記載したパート・有期社員が容易に理解できる内容の文書」を交付する方法によることも可能です。次頁ではその書面交付による方法の一例を示しました。

パート・有期社員からの請求に基づく説明責任

またパート・有期社員からの求めがあった場合、事業主は以下の事由につき、説明を行うことが義務づけられることとなりました（法14条2項）。

- 当該短時間・有期雇用労働者と通常の労働者との間の待遇の相違の内容及び理由
- 改正パート・有期雇用法6条から13条までの規定により措置を講ずべきこととされて

（一例）

○年○月○日

採用時における説明確認書（パート・有期社員向け）

株式会社●●○○
人事部長　●●●●

○年○月○日、弊社が貴殿を雇い入れる際、短時間労働者及び有期雇用労働者の雇用管理の改善等に関する法律に基づき、以下事項の説明を行ったことにつき、各欄に印をつけるとともに、貴殿の署名をもって、労使ともに確認する。

署名欄【　　　　　　　　　　　　　　】

□法8条について、雇い入れるパート・有期社員の基本給、賞与その他の待遇のそれぞれについて、通常の労働者の待遇との間において、当該待遇の性質及び当該待遇を行う目的に照らして適切と認められるものを考慮して、不合理と認められる相違を設けない旨説明を受けた。

□法9条については、雇い入れるパート・有期社員が通常の労働者と同視すべきパート・有期社員の要件に該当する場合、通常の労働者との差別的取扱いをしない旨説明を受けた。

□法10条については、職務の内容、職務の成果等のうちどの要素を勘案したどのような賃金制度となっているか説明を受けた。

□法11条については、パート・有期社員に対し、どのような教育訓練が実施されているか説明を受けた。

□法12条については、パート・有期社員がどのような福利厚生施設を利用できるか説明を受けた。

□法13条については、どのような通常の労働者への転換推進措置が実施されているか説明を受けた。

以上

いる事項に関する決定をするに当たって考慮した事項

まず本改正によって大きく変わるのが、「待遇の相違の内容及び理由」に係る説明義務です。これまでパート・有期社員が自らの労働条件が正社員等とどの程度異なるのか、またその理由が何かを法的に知る術は設けられていませんでした。これにつき、本改正で初めてパート・有期社員は事業主に対し、正当にその説明を求めることができるようになったのです。

また現行パート労働法と同様に、労働者から説明を求められれば、パート労働法に基づく措置事項の決定に際し考慮した事項の説明義務が課されていますが、本改正で初めて、パート労働法8条が定める「均衡待遇」の説明義務も追加された点が大きな特徴といえます。

ところでパート・有期社員からの請求に基づき、説明義務が課せられる事項としては、以下の項目が挙げられます。

労働条件に関する文書の交付等（6条）
就業規則作成手続き（パート・有期社員の過半数を代表する者からの意見聴取）（7条）

通常の労働者の待遇との間の不合理取扱いの禁止（8条）
通常の労働者と同視すべきパート・有期社員に対する差別的取扱いの禁止（9条）
賃金の均衡待遇に関する措置（10条）
教育訓練の均衡待遇に関する措置（11条）
福利厚生施設の均衡待遇に関する措置（12条）
通常の労働者への転換に関する措置（13条）

上記説明の具体的内容としては、法により求められている措置の範囲内で足りるものであり、例えば法第10条に関する説明（賃金均衡待遇）については、職務の内容、職務の成果等のうちどの要素を勘案しているか、また、その説明を求めたパート・有期社員についてその要素をどのように勘案しているかという内容の説明義務を負うこととされています。

また説明の程度につき、現行パート労働法の行政通達では「説明により短時間労働者が納得することについては、本条の義務の履行とは関係がないものであること。短時間労働者が納得しないような場合は、苦情や紛争の状態になっているものと考えられるものであり、通常は、事業所内における苦情処理、都道府県労働局長の助言、指導及び勧告や調停等を通じて解決するものであること」とされており、必ずしも説明に対する全労働者の同意取り付けが義務づけられているものではありません。以下ではパート・有期社員からの請求に基づく説明責任への対応策につき、特に均衡・均等待遇を定める8条・9条を中心に解説します。

職務関連手当について均衡待遇の説明を求められた場合

Q：私は有期契約社員であり、物流倉庫でフォークリフト作業に従事しているが、フォークリフト作業手当が支払われていない。正社員に手当が支給されているという噂を聞いたことがあるが、正社員との待遇の相違内容と理由を明らかにしてほしい。また会社側として、フォークリフト作業手当にかかる均衡待遇対応について考慮した事項も合わせて説明してほしい。

A：まずはパート・有期社員から請求があれば、正社員との待遇の相違内容と理由を明らかにすることが新法対応上、求められます。パート・有期社員から求めがあれば、フォークリフト作業手当の均衡待遇に係る取扱いも説明が求められます。

当社における正社員とパート・有期社員との間のフォークリフト作業手当の相違内容は以下のとおりです。

分類	項目	給付の性質・目的・内容	非正規社員区分と手当
職務関連手当	フォークリフト特殊勤務手当	有資格者である正社員が、業務繁忙等のため通常業務ではない「フォークリフト業務」に従事した場合における心身の負担に報いるために支給（内容）月額５０００円	業務（フォークリフト）が重なる非正規社員有り（区分４）。特に当該手当の支給なし。

（一例）また相違の理由としては、非正規社員との間の契約内容が挙げられます。非正規社員との契約締結時には、必ずフォークリフト業務があることを明示し、時給設定に際しても、その負担を考慮した時給設定としています（その業務のないパート・有期社員に比べれば時給加算50円。月間あたり平均４５００円〈正社員への特別手当平均実績５０００円とほぼ同様〉）。

その一方、正社員の基本給設定の際にはフォークリフト運転等を前提としておらず、特殊業務に従事させる正社員に対する公平の観点から、その手当が制度化されています

（均衡待遇における「その他の事情」。したがって均衡待遇上の問題はないものと考えられます）。

勤務時間帯手当について均衡待遇の説明を求められた場合

Q：私はパート・有期社員として、毎日、早朝シフトで勤務している。正社員が時折、早朝シフトで勤務することがあるが、その場合には早出勤務手当が支給されていると聞いた。早出勤務手当について、正社員とパート・有期社員との間の待遇差とその理由を説明してほしい。また私はこの取扱いが改正パート・有期雇用法8条の均衡待遇違反に該当すると考えているので、会社側の措置内容の説明を求める。

A：まずはパート・有期社員から請求があれば、正社員との待遇の相違内容と理由を明らかにすることが新法対応上、求められます。パート・有期社員から求めがあれば、早出勤務の取扱いについても、説明することが必要です。

当社における正社員とパート・有期社員との間の早出勤務手当の待遇差・内容は以下のとおりです。

分類	項目	給付の性質・目的・内容	非正規社員に対する支給状況
職務関連手当	早出勤務手当	（性質・目的）正社員が勤務シフトによって早出勤務が必要となる場合に早出勤務が必要のない他の業務に従事する正社員との公平を図るために支給 （内容）正規シフトで定める始業時間が午前７時以前と定められ、４時間以上従事した場合、勤務時間に応じて３５０円～８５０円支給	早朝シフトに入り、同様の業務に従事する非正規社員に対し、早出勤務手当は設けられておらず

【非正規社員に対する早出残業手当が支払われないことは「不合理とはいえない」ことにつき、説明がなされる場合の例】

A：非正規社員については、募集や採用の段階で、早朝シフトなど勤務時間帯を特定した上で雇用契約を締結し、その特定された早朝時間帯につき、時給単価を高く設定しており、同増額部分のみをみると、正社員の早出勤務手当と概ね同等となります（その他の事情）。したがって、早出勤務手当を正社員にのみ支給していることは、均衡待遇違反に当たらず、法的には改善すべき義務は生じないものと考えております。

遠距離通勤手当について均衡待遇の説明を求められた場合

Q：私はパート・有期社員であり、熊谷から東京まで毎朝通勤しているが、通勤手当に上限が設定されており、新幹線・特急代などは一切支給されていません。一方で、同じく熊谷から通勤している正社員には、新幹線代なども通勤手当として支給されていると聞きました。その相違内容と理由、さらには同取扱いがパート労働法8条の均衡待遇違反に該当すると考えているので、会社側の措置内容の説明を求めます。

A：当社における正社員とパート・有期社員との間の遠距離通勤手当の相違内容は以下のとおりです。

分類	項目	給付の性質・目的・内容	非正規社員区分と手当
生活関連手当	遠距離通勤手当	（性質・目的）人事異動等があり、長距離通勤を余儀なくさせる可能性のある社員が要した交通費等の全額または一部を補填する性質 （内容）遠距離通勤に要する実費の一部支給（上限額を設定）	職務内容が一部重なるが、人材活用の仕組み・運用が異なる非正規社員（区分4）。 特に手当なし。ただし都内の通勤手当は全額支給

【パート・有期社員に配転による住居変更の可能性がなく（人材活用の仕組み・運用の相違）、給付の性質・目的に照らして支給対象外になると会社が考える場合】

A：正社員については、全国転勤で、かつ店舗勤務から本部勤務まで様々な人事異動が予定され、現に実施されています。このため正社員は遠方から通勤を余儀なくされる場合もあり、本件手当が制度化されています。

これに対してパート・有期社員については、契約上は特定店舗ないし特定地域内の店舗を移動することのみ予定されており、会社事情で転居を伴う異動が命じられることはありません。そのような大きな相違点があるため、正社員とパート社員との賃金処遇に相違を設けているものです。

住宅手当（生活関連給付）について均衡待遇の説明を求められた場合

Q：私はパート・有期契約社員であるが、住宅手当が支払われていない。その一方、私と同じ仕事をしている正社員には住宅手当が払われていると耳にしたので、正社員の待遇内容とその理由を明らかにしてほしい。また私はこの取扱いが改正パート・有期雇用法8条の均衡待遇違反に該当すると考えているので、会社側の措置内容の説明を求める。

A：当社における正社員とパート・有期社員との間の住宅手当の相違内容は以下のとおりです。

分類	項目	給付の性質・目的・内容	非正規社員区分と手当

生活関連手当	住宅手当	（性質・目的）配転により勤務地が変更される可能性がある正社員に対し、住宅費の負担を軽減して長期的雇用のインセンティブを付与することを目的に支給 （内容）家賃額等に応じて支給されるが、最大で月額3万円	職務内容が一部重なり合うが、人材活用の仕組み・運用が異なる非正規社員（区分4）。 手当なし

【パート・有期社員に配転による住居変更の可能性がなく（人材活用の仕組み・運用の相違）、給付の性質・目的に照らして支給対象外になると会社が考える場合】

A：正社員については、全国転勤で、かつ店舗勤務から本部勤務まで様々な人事異動が予定され、現に実施されているものです。これに対してパート・有期社員については、特定店舗ないし特定地域内の店舗を移動することのみ予定されています。住宅手当はそもそも全国に転勤する可能性がある社員に対し、住宅費用の負担軽減を図るために支給しており、勤務地限定のパート・有期社員は支給対象外となるものです。

賞与に係る均等待遇違反に係る説明が求められた場合

Q：私はフルタイム有期契約社員であるが、賞与が正社員に比べ、少ないような気がしている。正社員に賞与がどの程度支払われているか、待遇内容の相違を明らかにしてほしい。また私はパート労働法9条の差別的取扱い禁止に該当するので、正社員と同額の賞与が支給されるべきと思うが、会社側の措置内容の説明を求める。

A：まずはパート・有期社員から請求があれば、正社員との待遇の相違内容と理由を明らかにすることが新法対応上、求められます。パート・有期社員から求めがあれば、賞与の取扱いについても、説明することが必要です。

当社における正社員とパート・有期社員との間の賞与の相違内容は以下のとおりです。

分類	項目	給付の性質・目的・内容	非正規社員に対する支給状況
職務関連手当	賞与	（性質・目的）賞与査定期間における	賞与については、各期ごとの本人の

		売上げなどの成果報酬とともに、長期雇用における能力向上へのインセンティブ・定着化なども目的 （内容）会社業績等に応じて変動するが、平均して月給与2ヶ月相当額を支給（金額平均50万円程度）	勤怠・成績評価に基づき、3区分で支給。A区分20万円、B区分15万、C区分10万円程度の支給実績

【実際には「正社員と同視できるパート・有期社員」にあたらない場合、その理由と会社側の措置内容を説明する】

●職務内容・責任が正社員と異なる場合

A：「正社員は、店舗接客・調理などの業務の他、パート・有期社員の採用決定、求人募集決定その他など、パート・有期社員とは異なる「中核的業務」に従事している上、その責任も大きく異なります。例えば、お客様からのクレーム対応一つとっても初期対応はパート・有期社員の方を含め、現場にいる全てのものが行うことになりますが、最終的な対応は正社員が責任をもって行うことになります。

　また店舗売上に対して、正社員は責任を有しており、その成績いかんによっては、降級する場合もあります（その他差異内容を説明）。当社ではパート・有期社員と正社員の業務内容と責任は大きく異なるものであるため、パート・有期社員と正社員との間に処遇上の区別を設けています」

●その上で、さらにパート・有期社員の処遇の公平性を説明する場合は？

「弊社ではパート・有期社員についても、賞与を支給しておりますし、基本給も職務給制とし、本人の能力・成果・意欲に応じて資格等級を昇給させ、賃金面等に反映させています。また本人の能力・成果・意欲に応じて、『正社員への転換』推進措置なども進めていますので、ぜひ頑張っていただきたいと考えております」

【仮に職務内容・責任が同一であるが、人事ローテーションが異なる場合】

A：正社員については、全国転勤で、かつ店舗勤務から本部勤務まで様々な人事異動が予定され、現に実施しています。これに対してパート・有期社員については、特定店舗ないし特定地域内の店舗を移動することのみ予定されています。そのような大きな相違点があるため、正社員とパート・有期社員との賃金処遇に相違を設けています。ご理解ください。

労働条件に関する文書の交付等（法6条）の説明が求められた場合

「昇給・賞与・退職金」の有無につき文書交付すべきことが、有期雇用含め義務化

【会社側対応に法律違反があった場合】

Q：なぜ、雇用契約を締結した際に契約書が交付されないのですか？

Q：契約書は交付されましたが、「昇給・賞与・退職金」の有無の欄が何も書かれていません。どうしてでしょうか？

A：これらの質問があった場合は、会社側の不手際であり、早急に契約書交付、未記入部分を記入し、再交付するなどの対応を行うこと。

【会社側対応に法律違反はないが、説明が足りなかった場合】

Q：契約書を見たところ「昇給なし」と記載されているが、なぜ、パート・有期社員に昇給がないのか？

A：再度、パート・有期社員の雇用条件を説明。昇給については、契約期間更新がされ

た場合、その都度、更新前の勤務状況などを評価の上、資格等級が昇給し、時給が上がる可能性があれば、その旨を説明（賞与・退職金については後述）。

就業規則作成・変更時の意見聴取の説明が求められた場合

「パート・有期雇用法7条はパート・有期社員に係る事項について就業規則を作成し、または変更しようとするときは、その事業場において雇用するパート・有期社員の過半数を代表すると認められるものの意見を聴くよう努めるものとする」と定めており、以下のような説明責任が生じえます。

Q：パート就業規則および有期契約社員就業規則がありますが、この策定にあたり、パート・有期社員の過半数を代表する者から会社は意見を聞いていないのではないですか？

A：パート・有期社員の過半数代表者から意見を聞いていない場合の対応

「現在のところ、当社では就業規則策定にあたり、パート・有期社員の過半数代表者からの意見聴取を行っていませんが、今後、パート・有期社員から過半数代表を選出し、意見聴取を行うこととします」

賃金の均衡待遇（法10条）について説明を求められた場合

Q：パート・有期社員として入社した後、意欲的に仕事を覚え、店舗運営に大きな貢献をしていると考えているが、相変わらず職務等級が1号のままになっている。私の仕事上の能力・意欲・成果に対応した賃金処遇としてほしいが、どうなっているのか。

A：査定内容の説明を改めて行う。査定自体に問題がある場合は、将来的な見直しを行う。

教育訓練について

Q：私（パート・有期社員）は正社員アシスタントと同じ仕事をしているのに、関連する研修が、正社員のみに行われている。私にも受講する機会を与えてほしい。

【正社員向けに行われている研修が、「当該パート・有期社員が職務の遂行に必要な能力を付与するために必要な研修」にはあたらない場合】

A：ご指摘いただいた研修は、正社員の将来的なキャリア形成を支援するために行われているものであり、直接的には店舗勤務における必要な能力を付与するための研修にはあたらないものです。したがってパート・有期社員の方が同研修を受講できないとしても、改正パート・有期雇用法上の問題は生じません。

【パート・有期社員がすでに同研修の目的たる「必要な能力」を有している場合】

A：同研修については、すでに貴方が習得された能力を養成するために行われるものであり、ご受講いただく必要はありません。

福利厚生施設について説明を求められた場合

Q：休憩室・更衣室・食堂の福利厚生施設について、パート・有期社員に利用上の制約（ロッカーが狭い、食堂の利用時間制限がある等）があるのは、改正パート・有期雇用法上、許されないのではないか？

A：パート・有期社員に利用制限を行っている合理的理由を説明すればよい。
㈱●施設面で限りがあり、交代制でないと食堂を利用してもらえない。
●ロッカーに数量上の制約があるため等

正社員への転換推進措置について説明を求められた場合

Q：正社員に転換してもらいたいと希望しているが、その機会が与えられていない。これは改正パート・有期雇用法違反ではないのか？

【正社員採用等の機会が当面はない場合】

A：当面、正社員を新たに採用等する予定はありませんが、新規採用の募集があった場合には速やかに従業員控え室に掲示する等の方法で、募集等を周知することを採用・契約更新時含めて、改めて説明いたします。また現に募集があった場合には、公正・公平な観点から採用選考を行い、パート・有期雇用法が定める「転換推進措置」を講じることとします。

4 会社の相談体制・苦情処理機関整備の必要性

相談窓口の設置と対応

前記の説明義務への対応を含め、パート・有期社員からの相談窓口を社内に整備しておくことは、社員らのモラル、モチベーション維持、定着等にとって極めて有益です。改正パート・有期雇用法においても同16条において、「雇用するパート・有期雇用労働者からの相談に応じ、適切に対応するための必要な体制を整備しなければならない」ものとし、企業側の相談体制整備を義務づけています。

この「必要な体制」の整備として、厚労省は苦情を含めた相談に応じる窓口の整備を要するとし、同窓口は組織であるか、個人であるかを問わないこととしています。また相談担当者として短時間・有期雇用管理者等を定めること、事業主自身が相談担当者となり、相談に対応すること、外部専門機関に委託し、相談対応を行うこと等、いずれの方法であっても差し支えありません。

この相談窓口については、雇い入れ時の文書による明示事項等とされており、労働条件通知書等に明示する必要があります（その他の方法として、事業所内のパート・有期社員が通常目にすることができる場所に設置されている掲示板による周知であっても良い）。また、パート・有期社員が自らの処遇について説明を求めたことを理由とした不利益取り扱いについては、改正パート・有期雇用法14条3項において禁止しています。いずれもパート・有期社員に対する説明責任強化のための政策にほかなりません。

短時間・有期雇用管理者の選任について

改正パート・有期雇用法では事業所における有期・パート社員の雇用管理の改善等を図るための体制を整備するために、事業主は、有期・パート社員を常時厚生労働省令で定める数（※現行パート労働法は10人）以上雇用する事業所ごとに、短時間・有期雇用管理者を選任するように努めるものとしています。同担当者の資格ですが、現行パート労働法下では法定講習等は設けられておらず、「指針に定める事項その他の短時間・有期雇用労働者の雇用管理の改善等に関する事項を管理させるために必要な知識及び経験を有していると認められる者のうちから事業主が選任する」こととされています。事業所の人事労務管理について権限を有する者の中から、パート・有期雇用の労務管理に詳しい者を担当者として選任することになろうかと思われます。

同管理者の担当すべき職務は、さしあたり以下のものが考えられます。

①法に定める事項は言うまでもなく、指針に定める事項その他のパート・有期社員の雇用管理の改善等に関する事項について、事業主の指示に従い必要な措置を検討し、実施するとともに、必要に応じ、関係行政機関との連絡を行うこと

②短時間・有期雇用労働者の労働条件、就業環境に係る事項等に関し、パート・有期社員の相談に応じること

同一労働同一賃金法制が施行されれば、短時間・有期雇用管理者の責任、期待が高まることは必至であり、同担当者のレベルアップを期すべく、適任者を選任の上、必要な外部研修等を積極的に受講させていくべきでしょう。

苦情処理機関の整備

パート・有期雇用法22条には、苦情の自主的解決を定める条文が見られます。そもそもパート・有期社員からの同一労働同一賃金等に関連した苦情や労使間紛争は、本来労使間で自主的に解決することが望ましい紛争類型といえます。そこで同条では以下の事項に関し、パート・有期雇用労働者から苦情の申出を受けたときは、苦情処理機関に対し、こういった苦情の処理を委ねる等、その自主的な解決を図るように努めるものとされています。

労働条件に関する文書の交付等（6条）

通常の労働者の待遇との間の不合理取扱いの禁止（8条）
通常の労働者と同視すべきパート社員に対する差別的取扱いの禁止（9条）
教育訓練の均衡待遇に関する措置（11条）
福利厚生施設の均衡待遇に関する措置（12条）
通常の労働者への転換に関する措置（13条）
事業主が講ずる措置の内容等の説明（14条）
その他事項についても、指針上、苦情処理による自主的解決に努めるよう努力義務が課せられる予定

この苦情処理機関の構成ですが、事業主を代表する者及び当該事業所の労働者を代表する者を構成員とする当該事業所の労働者の苦情を処理するための機関等を指すこととしています。

このような苦情処理機関を新たに設ける以外の対応としては、前述した相談のための体制の活用（16条）や短時間雇用管理者が選任されている事業所においてはこれを活用する等、労働者の苦情を解決するために有効であると考えられる措置が含まれます。いずれにして

も、苦情の自主的解決のための仕組みについては、パート・有期社員に対し、周知を図ることが望まれています。

労働条件等の決定とパート・有期雇用社員の意見集約

前述のとおり、改正パート・有期雇用法はパート・有期雇用社員の労働条件見直しに大きな影響を与えうるものです。とりわけ本法8条とガイドライン案を基に、各種手当などの賃金制度の見直しを行う際、パート・有期雇用社員らの意向を無視するわけにはいきませんが、その意見集約の方法に大きな課題が存在する可能性があります。

まず集団で労働条件見直し等の検討を行う際、企業内に従業員の過半数を代表する労働組合があれば、会社側はその組合と交渉の上、労働条件見直しを進めていくことになります。しかしながら、我が国の労働組合は伝統的に企業内労組、さらには正社員のみを対象とした組合が多く、パート・有期社員らの組合への組織化はなお道半ばです。

さらに労働組合の組織率低迷を受け、社内に労働組合が存在しない会社が圧倒的に多く、そういった会社内では労働条件の見直しに際し、労働者とりわけパート・有期社員の意向を反映するルールが未整備のままであることが多々見られます。

これに対し、本改正では、有期社員も含めて、常時10人以上の事業場における就業規則の作成・変更届に添付する意見書に、過半数を代表するパート・有期社員の意見も合わせて添付することを努力義務としました。さらに現行指針（第3の2の（2））では、以下の努力義務を使用者に求めており、今後は、有期社員も含めた意見聴取の機会が求められることとなります。

「事業主は、短時間労働者の就業の実態、通常の労働者との均衡等を考慮して雇用管理の改善等に関する措置を講ずるに当たっては、当該事業所における関係労使の十分な話合いの機会を提供する等短時間労働者の意見を聴く機会を設けるための適当な方法を工夫するように努める」ものとしています。

同意見聴取の方法としては、事業所の事業に応じ、各事業所において工夫されるべきものとしますが、一例として、職場での労使協議、職場懇談会、意見徴収、アンケート等が挙げられています。今後、企業としても、パート・有期社員らの納得性を高めるためにも、これらの労使コミュニケーションを進めていく必要がありそうです（正規社員、非正規社員双方の労働条件見直しを含めた労使交渉のあり方については後述212頁以下）。

〈第4章まとめ〉

日本型同一労働同一賃金への企業対応として、まず優先されるべきは、非正規社員と正社員との間の相違の「見える化」です。まずは両者の職務内容・責任、人材活用の仕組み・運用等を明らかにし、同質性または異質性を見える化していくことが必要です。

また各々の賃金その他処遇についても、その制度趣旨・目的や全体の労働条件との関係を明らかにしていく作業を行う必要があります。その上で非正規社員の処遇格差が「不合理なもの」か否かを明らかにし、「不合理ではない」とすれば、非正規労働者に対し、その理由を説明できるように準備をすることが直近の対応として、まず求められます。

この「均衡待遇」の問題は、各種手当に限らず、基本給・昇給なども課題となり得ます。また正社員の処遇自体も時に見直す必要が生じます。次章では、これら中長期的に検討を要する日本型「同一労働同一賃金」への対応策につき、解説を行うこととします。

第5章 中長期的な対応

中長期的には、基本給や定年後再雇用者に対する賃金、さらには昇給・退職金・家族手当なども均衡待遇上の課題になりうるように思いますが、その考え方と留意点を教えてください。また均衡待遇に向けた企業の対応策として、いかなるものがあり、どのような点が課題となるのかを教えてください。

今後さらに同一労働同一賃金法制が強化されるとすれば、基本給、定年後再雇用者の処遇、さらには昇給・退職金・家族手当なども、均衡待遇上の課題に浮上する可能性があります。これらの問題は、前章で検討した諸手当の均衡待遇以上に難問であり、腰を据えて対応策を検討する必要があります。

また、基本給、諸手当、その他の均等・均衡待遇の実現のためには、正規・非正規ともに、人事・賃金その他諸制度の抜本的改革が求められます。その対応策として、さしあたり、以下４つの視点が考えられ、本章において解説することとします。

①正社員との処遇相違を是正すべく、非正規社員の基本給・手当等を引き上げる

②限定正社員制度など多様な正社員制度を創設・拡充し、非正規社員の中で正社員と同等の能力・在籍・成果を挙げる者を段階的に正社員等に転換し、処遇改善を進める
③正社員の処遇内容を精査の上、その趣旨・目的に沿った制度・運用に段階的に見直す
④正規社員と非正規社員の処遇を全面的に見直し

また、これら対策を進めるためには、正社員そして非正規社員を含めた労使協議・調整が必要不可欠です。最後に労使コミュニケーションのあり方についても若干の検討を行います。

1　基本給・昇給・退職金などの均衡待遇に向けた対応

基本給の設定と均衡待遇

前述のとおり、日本型同一労働同一賃金に向けた対応として、まずは「手当」への対応が優先されるべきですが、「基本給」についても別途課題となりえます。多くの企業では、「基本給」の制度設計自体が、正社員と非正規社員との間で大きく相違するのが通例であり、給

付水準はもとより、その算出方法も異なります（月給制・時給制含め）。

これまで法制上は、賃金制度設計については、最低賃金法や労基法24条などの賃金支払い5原則およびパート労働法等を除いて、直接的な規制は緩く、概ね労使自治に委ねられてきました。

これに対し、今回の法改正では正社員・非正規社員ともに基本給を含め、均衡待遇などの法規制が適用されることとなり、これまでにない新たな対応も中長期的に必要不可欠となります。厚労省「同一労働同一賃金の実現に向けた検討会中間報告」では、「基本給に対する考え方」として、次の問題提起を行っています。

「基本給部分については、多くの企業で、決まり方が複雑で様々な要件が絡んでいる。長期的雇用を前提としている部分も多く、賃金表の作成等を通じて、決まり方を明確にして、正規・非正規間の比較をできるだけ可能にする仕組みを民間側で整えていく等、段階を踏んだ取り組みが求められる。また、非正規社員を含む労使交渉において格差是正を実施させることも重要だろう。ただし、仕組みを整えるのに時間がかかることを理由に改革が進まないことのないよう、そのための仕組みも併せて必要であろう」

以上の問題提起を受けて、まず対応を迫られるのが、正社員の基本給の性格を明らかにする作業の実施です。正社員の基本給は概ね以下の４つに区分しえます。

①労働者の職業経験・能力に応じて支給しようとする場合
②労働者の業績・成果に応じて支給しようとする場合
③労働者の勤続年数に応じて支給しようとする場合
④労働者の職務に応じて支給しようとする場合

このような整理をもとに、自社の基本給は①〜④のいずれの性格にあたるのかを明らかにし、その上で非正規の基本給と比較検討することが求められます。④は非正規社員との比較は「職務」で行うため、ものさしは明確ですが、①〜③については、前記のとおり同一労働同一賃金ガイドライン案に基づく比較がさしあたり考えられます（本書90頁以下参照）。

基本給の複合的な形態と均衡待遇

そもそも前記のガイドライン案も示すとおり、「我が国の場合、基本給をはじめ、賃金制度の決まり方が様々な要素が組み合わされている場合も多い」のです。この場合、まずは労使の話し合いで「職務や能力等の明確化とその職務や能力等と賃金等の待遇との関係を含めた処遇体系全般」の確認が必要とされており、正社員の賃金制度が不透明な会社については、改正パート・有期雇用法の成立を契機に改めて自社の処遇体系全般を明らかにしていくことが求められます。

それでは、正社員の基本給総額が月額30万円だとして、以下のような整理がなされたものとしましょう。

〈X社における正社員Aの基本給内訳〉
前記①～④の複合　基本給30万円のうち
職能部分（職能等級4－1を踏まえて　10万円）
成果部分（前年比売り上げ貢献を踏まえて　10万円）
勤続部分（勤続5年を踏まえて　5万円）

職務部分（職務内容を踏まえて　5万円）

問題は非正規社員の基本給との比較方法ですが、これについて水町勇一郎教授は『「同一労働同一賃金」のすべて』（有斐閣）74頁以下において、以下の学説を展開しています。

「実際には、これらの形態（職能給、成果給、勤続給、職務給など）が組み合わされた形で正規労働者の基本給が設定されていることが少なくない。このような複合的な形態（例えば職能給部分6割、成果給部分4割で構成された基本給）の場合には、それぞれの部分について……無期雇用フルタイム労働者と短時間・有期雇用労働者との均等・均衡を図り、これらを足し合わせて全体として均等・均衡を図るという方法（例えば職能給部分は60対50、成果給部分は40対35、合計100対85）をとることが求められている」

水町教授の学説を前提とすれば、前述ケースは、正社員の基本給が①～④の複合的な形態として、非正規社員の①～④それぞれの部分につき再評価し、正社員の基本給とのバランスを比較検討することが求められます。その上で、有期社員Bさんについて再評価したところ、①職能等級2－1相当（5万円）、②成果5万円相当、③勤続5年で5万円相当、④職務給5万円相当となれば、その合算が20万円となるため、Bさんに対し、20万円以上の基本給を支払っていれば、均衡待遇上の問題は生じないこととなります。

反対にいえば、Bさんの①〜④の再評価結果が月額20万円であるにもかかわらず、Bさんの基本給が15万円であったとすれば、新たに均衡待遇違反と指摘される可能性を示唆するものです。現段階では、このような判断を示した裁判例、行政あっせん例もなく、今後の裁判例の展開に委ねられていますが、いずれにしても、企業に対し、正社員の基本給、さらには非正規社員の基本給の性格を「見える化」し、比較検討していく作業を行うことが中長期的に求められていくことは間違いなさそうです。

定年後再雇用者をめぐる均衡待遇と基本給

この基本給等の均衡待遇に関し、今後、紛争が多発しうるものとして定年後再雇用者の処遇問題があります。改正高年法施行によって、多くの企業では60歳定年後、65歳まで再雇用制度等を設け、高齢社員の雇用継続措置を講じていますが、問題となるのがその処遇です。

現状では定年前と同様の職務内容・責任を課す一方で、定年前賃金と比べ全体の賃金が6～7割程度の処遇とする例も多く見られます。このように定年後の処遇が引き下げられることが労働契約法20条等が定める均衡待遇に違反するのか否かが正面から争われたのが長澤運輸最高裁判決（最2小判2018年6月1日）になります。

同事件では均衡待遇違反の判断に際し、定年後再雇用である点が「不合理性」の考慮要素となるか否かが争点となり、1審は否定（職務内容・人材活用の仕組み等の同一性をもって均衡待遇違反と判断）、2審は肯定（均衡待遇違反を否定）したのですが、長澤運輸最高裁判決は以下理由から定年後再雇用された者であることは均衡待遇違反に係る不合理性判断に際し、「その他の事情」として考慮されうる旨、明らかにしました。

定年後再雇用と不合理性判断

「定年制は、使用者が、その雇用する労働者の長期雇用や年功的処遇を前提としながら、人事の刷新等により組織運営の適正化を図るとともに、賃金コストを一定限度に抑制するための制度ということができるところ、定年制の下における無期契約労働者の賃金体系は、当該労働者を定年退職するまで長期間雇用することを前提に定められたものであることが少なくないと解される。これに対し、使用者が定年退職者を有期労働契約により再雇用する場合、当該者を長期間雇用することは通常予定されていない。また、定年退職後に再雇用される有期契約労働者は、定年退職するまでの間、無期契約労働者として賃金の支給を受けてきた者であり、一定の要件を満たせば老齢厚生年金の支給を受けることも予定されている。そして、このような事情は、定年退職後に再雇用される有期契約労働者の賃金体系の在り方を検討するに当たって、その基礎になるものであるということができる。そうすると、有期契約労働者が定年退職後に再雇用された者であることは、当該有期契約労働者と無期契約労働者との労働条件の相違が不合理と認められるものであるか否かの判断において、労働契約法20条にいう「その他の事情」として考慮されることとなる事情に当たると解するのが相当である」

その上で、個々の賃金項目ごとに不合理性の判断を行い、結論として基本給等、住宅手当・家族手当、役付手当、賞与などの相違について、不合理性を否定したものです（前述のとおり、精勤手当のみ労働契約法20条違反と判断）。

関連賃金項目の比較手法

長澤運輸最高裁判決における各種給付ごとの判断のうち、きわめて注目されるのが基本給等に係る判示部分です。同事件では定年後再雇用者（有期契約）には基本賃金および歩合給が支給される一方、正社員には基本給、能率給及び職務給が支給されていました。

労働者側は定年後再雇用者に能率給および職務給が支給されていないことが労働契約法20条に反すると主張していましたが、同最高裁判決は均衡待遇に係る判断は、「全体」の金額等ではなく、個別の給付ごとに検討されるべきとした上で、以下の新たな判断枠組みを示しました。

「なお、ある賃金項目の有無及び内容が、他の賃金項目の有無及び内容を踏まえて決定される場合もあり得るところ、そのような事情も、有期契約労働者と無期契約労働者との個々の賃金項目に係る労働条件の相違が不合理と認められるものであるか否かを判断するに当たり考慮されることになるものと解される」。このように賃金項目の中でも、他の手当の有無・内容を踏まえて決定されている場合には、同事情も踏まえ、不合理性判断をなすべきことを明らかにしています。

正社員・定年後再雇用者に対する基本給等の比較

前記の判断枠組みの下、同最高裁判決は定年後再雇用者に対する基本賃金および歩合給は、その制度趣旨や団体交渉等の経緯を踏まえ、「正社員の基本給、能率給及び職務給に対応するものであることを考慮する必要がある」とします。その上で、基本賃金と歩合給を合算した額と、正社員に対する基本給、能率給及び職務給の合算額を比較し、その減少幅は2％から12％程度にとどまっているとします。

また定年後再雇用者には老齢厚生年金の支給可能性があることや、会社側が同年金支給開始まで2万円の調整給を支給する等の事情を総合的に考慮し、「不合理であると評価することはできない」としました。本判決は前述のとおり、定年再雇用者の処遇をめぐるものであり、必ずしも一般化しうる判断枠組み・当てはめではない可能性もありますが、注目される判断であることは間違いありません。

昇給と均衡待遇

現状において、正社員と非正規社員との間で大きな相違が生じているのが、「昇給」の有無です。正社員は在籍年数に応じて「昇給」し、さらには職務能力・成果に応じて「昇進・

昇格」します。これに対し、非正規社員の多くは在籍年数が長くとも、「昇給」「昇進・昇格」の機会が少なく、賃金上の相違が著しい結果が生じています。

これに対し、同一労働同一賃金ガイドライン案では、正社員の昇給が勤続による職業能力向上ごとに行われている場合（定期昇給）、パート・有期社員に対しても、同様の基準で昇給させることを求めています。勤続による職業能力向上が正社員と同一と認められる非正規社員に対し同一の昇給をなす、さらに能力向上等に一定の違いがある場合には、その相違に応じた昇給を求めています。

また水町教授は前掲書75頁注28において、ベースアップに係る以下学説を展開しています。「ガイドライン案に言及されていないベースアップ部分については、物価上昇や会社の業績等を考慮したものが多く、これらの事情が短時間・有期雇用労働者にも同様に及んでいると認められる場合には、本条の適用により、短時間・有期雇用労働者にも正社員と同様のベースアップを行うことが求められるものと解釈される」とするものです。この点についても、今後の裁判例の動向を見守る必要があります。

退職金・家族手当と均衡待遇

同一労働同一賃金ガイドライン案では触れられていませんが、きわめて重要な手当として、退職金、家族手当が挙げられます（住宅手当はすでに本書132頁で解説）。両制度は正社員のみに手厚く支給される傾向が見られ、非正規社員との処遇相違の大きな要素を占めています。その相違理由を問われれば、多くの企業では「正社員の長期雇用・定着の促進」などを挙げると思われますが、今後、均衡待遇の観点からいかなる判断がなされうるのでしょうか。

水町勇一郎教授は前掲書において、退職金の趣旨・目的が、賃金の後払い及び勤続の功労への報奨であることから、「無期雇用フルタイム労働者か短時間・有期雇用労働者かを問わず、勤続期間の長さに応じて同一の支給をすることが求められる」とします。ただし、退職金として後払いとするのではなく、退職引当金に相当する額を基本給に上乗せして支給している（その分退職金支給対象者より基本給が高額となっている）労働者に対して退職金を支給しないことは、不合理とはいえないとします。

また家族手当についても、「無期雇用フルタイム労働者と同一の支給要件（扶養家族の存在、その年齢・収入の額など）を満たす短時間・有期雇用労働者には、同一の支給をしなければならない」とします。その根拠として「扶養する家族の生活を援助するために支給されるという家族手当の性質・目的に照らして、家族の扶養状況が同一の場合には、同一の支給をすることが求められるのである」とするものです。なお家族手当については、フルタイム有期社員との間での均衡待遇違反を認めた裁判例（前掲の日本郵便（大阪）事件地判等）が登場しています。

均衡待遇における企業の実務対応策

ここで挙げた基本給・昇給・退職金・家族手当に係る均衡待遇に向けた実務対応は難問です。また第４章で検討した各手当に対する対応も一筋縄ではいきません。まず企業としては、正社員に対する給付の趣旨・目的を改めて再整理し、非正規社員との相違内容とその理由を精査しておく必要があります。その上で是正策に取り組むこととなりますが、対策として、170頁に紹介したとおり４つの選択肢が挙げられます。

①正社員との処遇相違を是正すべく、非正規社員の基本給・手当等を引き上げる
②限定正社員制度など多様な正社員制度を創設・拡充し、非正規社員の中で正社員と同

等の能力・在籍・成果を挙げる者を段階的に正社員等に転換し、処遇改善を進める
③正社員の処遇内容を精査の上、その趣旨・目的に沿った制度・運用に段階的見直しをする。
④正社員と非正規社員の処遇を全面的に見直し

以下では①~④の中長期的な実務対応策について検討を行うこととします。

2 非正規社員の基本給・手当の見直しと助成金

非正規社員の基本給・手当引き上げについて

まずは前記の方法で、均衡待遇に係る比較検討を行った上で、不合理な格差を解消すべく、非正規社員の基本給・手当などを引き上げていく方策があります。政府も働き方改革の大きな目的として、非正規社員の格差是正を挙げていることからも、推奨されるべき対策といえますが、こういった引き上げは、当然に人件費などのコストアップを招くこととなります。

長期的には、非正規社員を含めた社員の生産性向上をもって、コストアップを超える売上げ・利益を上げることが望まれますが、短中期的には、こうしたコストアップが企業経営に影響を与える可能性も大きく、経営者がこういった取り組みを躊躇しかねません。政府は近年、キャリアアップ助成金制度を拡充しており、非正規社員の基本給を含めた人事・賃金制度見直しに対し、以下の制度を積極的に展開しています。

キャリアアップ助成金における関連給付の概要

雇用保険制度において、事業主からの保険料徴収のみをもって雇用保険2事業が行われ、使用者に対し様々な助成金給付を行っています。そのうちの一つであるキャリアアップ助成金は、有期社員、パート社員、派遣労働者など、いわゆる非正規雇用労働者の企業内でのキャリアアップなどを促進するため（キャリアアップ計画書の作成等が前提）、正社員化、処遇改善の取り組みを実施した事業主に対し助成がなされています。

前記の均衡待遇問題を受けて、非正規社員を対象とした賃金処遇を見直ししようとする際、対象となりうるのが同助成金中の以下制度です（2018年4月現在。制度は随時改定される点に注意）。

図表 5-1　キャリアアップ助成金（賃金規定等共通化コース）

賃金規定等共通化コース
○有期契約労働者等に関して**正規雇用労働者と共通の職務等に応じた賃金規定等を作成し、適用**した場合に助成
1事業所当たり**57万円〈72万円〉（42万7,500円〈54万円〉）** 〈1事業所当たり1回のみ〉 ※共通化した対象労働者(2人目以降)について、助成額を加算 ・対象労働者1人当たり**20,000円〈24,000円〉** **(15,000円〈18,000円〉)** 〈上限20人まで〉

〈　〉は生産性の向上が認められる場合の額、(　)は中小企業以外の額

［出所］厚生労働省

①賃金規定等共通化コース（図表5－1）

賃金規定等の区分については、有期社員等と正規雇用労働者をそれぞれ3区分以上設け、かつ、有期契約労働者等と正規雇用労働者の同一の区分を2区分以上設け適用している事業主であることが必要とされています（図表5－2）。

また前記の同一区分における、有期社員等の基本給など職務の内容に密接に関連して支払われている賃金の時間当たりの額は、正規雇用労働者と同額以上とすることが求められています。

②諸手当制度共通化コース（図表5－3）

共通化コースの対象となる諸手当項目は以下のとおりです。

図表5-2　賃金規定等共通化のイメージ

〈賃金テーブル〉

区分	正規雇用労働者	有期契約労働者等
6等級	月給××万円	
5等級	月給××万円	
4等級	月給■■万円	時給□□円
3等級	月給▲▲万円	時給△△円
2等級		時給××円
1等級		時給××円

※正規雇用労働者の月給■■万円を時給換算し、有期契約労働者等の時給□□円と比較した結果、時給□□円≧月給■■円となっていること。

★換算・比較方法★
正規雇用労働者の月給÷(1日の所定労働時間×月平均労働日数(週の所定労働日数×52÷12))≦有期契約労働者等の時給

＋

〈賃金テーブル等が適用されるための合理的な条件〉

区分	正規雇用労働者		有期契約労働者等	
6等級	企画・監督	業務に関する高度な専門的知識・技能を有し、係の中・短期目標の遂行を図るとともに、部下の指導・教育を行い、その意欲を向上させることができる。		−
5等級	判断・指導	業務に関する一般的な専門的知識・技能を有し、グループの短期目標の遂行を図ることができるとともに、下位等級者に的確な助言ができる。		−
4等級	判断	業務に関する高度な実務知識・技能を有し、判断を要する業務を確実に遂行するとともに、下位等級者に部分的な助言ができる。	判断	業務に関する高度な実務知識・技能を有し、判断を要する業務を確実に遂行するとともに、下位等級者に部分的な助言ができる。
3等級	定型熟練	業務に関する一般的な実務知識・技能を有し、ある程度判断力を必要とする業務を、確実に遂行できる。	定型熟練	業務に関する一般的な実務知識・技能を有し、ある程度判断力を必要とする業務を、確実に遂行できる。
2等級		−	一般定型	業務に関する基礎的な実務知識・技能を有し、主として定型的な業務を、正確に遂行できる。
1等級		−	定型補助	特別な実務知識・技能を必要としない日常の反復補助的な業務を、細部的な指示を受けながら、正確に遂行できる。

［出所］厚生労働省

図表 5-3 キャリアアップ助成金（諸手当制度共通化コース）

諸手当制度共通化コース

○有期契約労働者等に関して**正規雇用労働者と共通の諸手当制度を新たに設け、適用**した場合に助成

1事業所当たり**38万円〈48万円〉（28万5,000円〈36万円〉）**

〈1事業所当たり1回のみ〉

※共通化した対象労働者（2人目以降）について、助成額を加算（加算の対象となる手当は、対象労働者が最も多い手当1つとなります。）

・対象労働者1人当たり**15,000円〈18,000円〉**
（12,000円〈14,000円〉）

〈上限20人まで〉

※同時に共通化した諸手当（2つ目以降）について、助成額を加算（原則、同時に支給した諸手当について、加算の対象となります。）

・諸手当の数1つ当たり**16万円〈19.2万円〉**
（12万円〈14.4万円〉）

〈上限10手当まで〉

〈　〉は生産性の向上が認められる場合の額、（　）は中小企業以外の額

［出所］厚生労働省

共通化する諸手当の内容です

①賞与、②役職手当、③特殊作業手当・特殊勤務手当、④精皆勤手当、⑤食事手当、⑥単身赴任手当、⑦地域手当、⑧家族手当、⑨住宅手当、⑩時間外労働手当、⑪深夜・休日労働手当（現金支給が対象、諸手当の名称が一致していなくとも、手当の趣旨・目的から判断して実質的に①〜⑪に該当する場合は対象に）

が、本助成金の対象となるのが、①は6ヶ月分相当として5万円以上、②〜⑨は1ヶ月分相当として1つの手当につき3000円以上、⑩〜⑪については、割増率を法定割合の下限に5％以上加算して支給した場合とされています。

また本制度の導入に際し、特に留意すべきは以下の要件です。

「当該諸手当制度の適用を受ける全ての有期契約労働者等と正規雇用労働者について、共通化前と比べて基本給や定額で支給されている諸手当を減額していない事業主であること」

したがって正社員の諸手当の一部を整理した上で、非正規社員の手当の一部を新設・拡充し、正社員との手当水準を合わせるという「スクラップ＆ビルド」方式では、本助成金の対象とはなりません。

以上の助成金を活用して、非正規社員の処遇改善を図る対策を政府としても積極的に推奨しており、要件が合致するのであれば、積極的に活用を図るべきものと思われます（詳細については、厚労省HP等を参照。随時制度が改定される点にも注意）。

3 限定正社員、正社員転換推進と無期転換請求

正社員転換推進措置とは

また非正規社員の処遇改善策の切り札として、かねてから注目されているのが正社員転換措置です。同措置は文言のとおり、非正規雇用を正社員に転換することを推進する制度を指します。これまでも会社によっては、優秀な労働力を登用する等の観点から、人材活用の取り組みとして正社員転換を行っていましたが、前述のとおりパート労働法、さらに改正パート・有期雇用法において、使用者に正社員転換推進「措置」を講じることを義務づけています。

同法では、具体的に以下の正社員転換推進措置を講じることを事業主に義務づけています。事業主は、正社員への転換を推進するため、以下のいずれかの措置を講じなければならないこととしています。

①正社員の募集を行う場合、正社員の募集に関する情報を遅滞なく周知すること

②新たに正社員の配置を行う場合、パート・有期社員に同配置の希望を申し出る機会を与えること
③正社員への転換のための試験制度を設けること
④その他正社員への転換を推進するための措置を講じること

事業主には①～④いずれかの正社員転換推進措置の実施が義務づけられ、義務不履行の場合、行政指導・調停の対象となります。その一方で注意すべきは、採用が義務づけられるか否かについて、厚労省は「最終的に採用するかどうかは、公正な採用選考である限り、事業主の判断に委ねられる」（施行通達）としており、採用選考者全員を正社員転換推進することが義務づけられるものではない点です。

また正社員を当面、採用しない場合がありますが、厚労省は「**事業所**において欠員が生じず、通常の労働者を募集しようとしなければ、措置を実施する機会もない場合には、一見、法第12条第1項を履行しているかどうか判別しがたいものであるが、本条の趣旨は、通常の労働者の募集の必要がないときにまで措置を求めるものではなく、**このような場合はやむを得ないものであること**」（現行パート労働法の施行通達）とするものです。

以上のとおり改正パート・有期雇用法上の正社員転換推進措置は会社の人員管理の必要性を無視して、パート・有期社員を正社員に転換することを強制するものではありません。それでは少なくとも何をなすことが求められるのでしょうか。

これについて厚労省は現行法上では、「本条の趣旨を踏まえると、当該事業所において講じられている通常の労働者への転換を推進するための措置が短時間労働者に対して周知されていることが求められ、先の①や②の措置のように、一定の機会が到来したときに初めて措置を講ずることとなるものについても、**そのような措置を講ずる予定であるとしてあらかじめ周知することが求められる**ものであること」（施行通達）としており、制度周知を強く求めています。

他方でパート・有期社員、使用者双方から見て、一足飛びでの「正社員」転換は容易ではありません。実際に正社員転換したパート・有期社員の方から話を聞くと、有期・パート時には正社員の仕事は自分が今行っている仕事と変わらないと思っていたが、いざ正社員に配置された途端、様々な責任や仕事の広がりに圧倒されることが少なくないようです。また正社員と同様の配転・職務内容変更がなされることに抵抗感を覚えるパート・有期も多く、正社員転換推進が進められない一因になっています。

ジョブ・地域限定正社員の可能性

これに対し、近年、限定正社員という言葉が広く聞かれるようになりました。この限定正社員という文言自体は、法的に定められたものではなく、政府の雇用制度改革等でもっぱら用いられているものです。この文言の定義ですが、さしあたりは「職務、勤務地、労働時間が特定されている正社員」（いわゆる限定正社員）とされています。

この限定正社員の雇用ルールの整備として「職務等に着目した『多様な正社員』モデルの普及・促進を図るため、労働条件の明示等、雇用管理上の留意点について取りまとめ、周知を図る」目的で、2014年7月30日付で厚労省「『多様な正社員』の普及・拡大のための有識者懇談会報告書」（以下、報告書）が取りまとめられています。

同報告書では、労働条件の明示、正社員と多様な正社員への相互転換制度の推進、均衡待遇の問題等についても、論点を整理しています。また末尾には多様な正社員制度導入時における就業規則、雇用契約書の規定例等も紹介されており参考になります。

とりわけ注目されるのが、非正規から多様な正社員への転換策として、有期契約の更新ごとに職務の範囲を広げ、無期転換後も職務の範囲やレベルを上げていく例を示し、労働者のキャリアアップ・企業の人材育成を提唱している点です。一足飛びの転換ではなく、段階的

図表 5-4　キャリアアップ助成金（正社員化コース）

正社員化コース

〇有期契約労働者等を**正規雇用労働者等に転換または直接雇用**した場合に助成

㋑有期→正規：1人当たり**57万円〈72万円〉**
（42万7,500円〈54万円〉）
㋺有期→無期：1人当たり**28万5,000円〈36万円〉**
（21万3,750円〈27万円〉）
㋩無期→正規：1人当たり**28万5,000円〈36万円〉**
（21万3,750円〈27万円〉）
〈㋑～㋩合わせて、1年度1事業所当たりの支給申請上限人数は20人まで〉

〈　〉は生産性の向上が認められる場合の額、(　)は中小企業以外の額

［出所］厚生労働省

に正社員登用を進めるプロセスを示すものであり、非正規社員から見ても「限定正社員制度」の創設と同制度への転換推進施策は極めて有益に映るものと思われます。

キャリアアップ助成金における正社員転換への支援

厚労省もキャリアアップ助成金の正社員化コースを設け、非正規雇用労働者を正社員等に転換させた事業主に対し、一定の支援を行っています（図表5－4、2018年度）。対象としているのは以下の転換を行った場合等です（いずれの場合も賃金総額5％増が条件）。

次の①～③のいずれかの措置を、制度として就業規則等に定め、当該規定に基づき転換等をした場合
①有期契約労働者を正規雇用労働者または無期雇用労働者に転換すること
②無期雇用労働者を正規雇用労働者に転換すること
③派遣労働者を正規雇用労働者または無期雇用労働者として直接雇用すること

この「正規雇用労働者」には前述した多様な正社員（勤務地・職務限定正社員、短時間正社員）を含めることとしており、正社員のみならず限定正社員に転換した場合も同じく助成対象とします（支給要件等の詳細については、厚労省ＨＰ参照）。

無期転換制度との関係をどのように考えるか

ところで２０１８年４月から労働契約法18条に基づく無期転換制度がスタートしています。無期転換制度においては、有期労働契約が反復更新され、５年超となった場合、労働者側の請求で無期労働契約に転換されるものですが、転換後の賃金、労働時間その他処遇につ

いては、特段の定めがなければ、「従前の有期労働契約」がそのまま引き継がれることとされています。

同制度は有期労働契約者の雇用安定を目的としたものであり、前述した正社員転換推進措置および限定正社員制度とは異なるものですが、非正規労働者の多くは有期労働契約であるため、密接な関わりを有しています。企業対応の多くは、転換後処遇については特段の定めを設けず、従前の労働契約のままとしていますが、企業の中には、採用力強化等を目的に、限定正社員制度等を無期転換制度に組み合わせて、積極的に導入を進めている例も見られます。

無期転換請求・限定正社員と均衡待遇

ところで無期労働契約に転換した労働者に対し、現行パート労働法さらには改正パート・有期雇用法上、均衡待遇規定が適用されるのでしょうか。無期転換対象となった労働者が、正社員と比べて所定労働時間が短いパート・有期社員に該当するのであれば、前記のとおり均衡待遇規定が適用されますが、問題となるのが、いわゆるフルタイムパート社員（正社員と所定労働時間が同一）が無期転換した場合です。

この場合、同人はパート社員でもなく、有期社員にも当たらないため、改正パート・有期雇用法上も均衡待遇規定が適用されない結果となります。学説では、第1章で取り上げた丸子警報器事件判決を念頭に、不合理な処遇格差に対し、公序良俗違反を理由にした民事損害賠償請求が認められうるとする立場も見られるところであり、今後の動向を注視する必要があります。

休職・休暇とガイドライン案

また、有期労働契約においては、契約期間の終期があるため、私傷病休職制度を設けていること自体が稀と思われます。有期社員らが病気休職せざるを得ない場合、実務対応としては一定期間、労務を事実上免除し、それでも復職が困難な場合、本人が自発的に退職するか、または労働契約の期間満了まで解雇猶予し、契約更新をしない例が一般的といえます。

これについて同一労働同一賃金ガイドライン案では**無期雇用パートタイム労働者**に対し、無期雇用フルタイム労働者と同一の付与をしなければならない旨明記されました。無期雇用パートタイム労働者はまさに２０１８年４月以降の無期転換請求後、相当数が生じる可能性があり、注目すべき記述と思われます。

また同一ガイドライン案では、法定外年休・休暇の問題とならない例として、リフレッシュ休暇について、正社員で長期勤続者を対象とした場合、勤続10年で3日、20年で5日とする一方、「無期雇用パートタイム労働者」には労働時間に比例した日数付与でよいとしており、この点でも注目されます。

4 正社員の人事評価制度と運用の見直し

問題社員の均衡待遇問題

非正規社員の均衡待遇問題が労使紛争の一つの契機となりうるのが、正社員の人事評価が不適切なまま放置された結果、本人の職能・成果等をはるかに上回る職能・職務等級に格付けされている場合です。非正規社員等は、自分と同じ仕事のみに従事し、かつ職務能力・成果に乏しい正社員に対して、今でも大変厳しい眼差しで見ています。

これまではその種の紛争は会社内で皆無だったかもしれませんが、近年では不本意な形で非正規雇用を継続している者も少なくありません。そのような非正規社員は職務能力、成果が自らと同等ないし低くみえる正社員との処遇差に不平不満を持ち、均衡待遇問題を労使紛争化する可能性を指摘できるものです。

正社員の人事評価制度の運用面での見直し（職能給）

よく日本企業は年功序列型賃金制度を導入していると評されることがありますが、勤続年数のみを基に資格等級を定め、基本給額を決めるような賃金表は見たことがありません。すでに現状においても、日本企業は制度として年功序列型賃金制度を設けているわけではなく、その多くは職能資格等級による賃金表を定め、基本給等の決定を行っています。

その一方で、運用実態を見ると、職能給の運用に際しては、なお在籍年数などを考慮した情意評価が相応の影響力を有しており、前述のとおり職務能力・成果ともに疑義が生じうる正社員であっても、一定の昇給等が生じ、非正規社員層との賃金格差が生じています。今後、このような格差が均衡待遇をめぐる労使紛争の温床となりえますが、中長期的にいかに対応策を講じていくべきでしょうか。

一つは既存の職能給の前提である人事評価を改めて行い、各人の格付けを適正に行う方策が考えられます。また各労働者に対する説明・苦情処理対応にも十分に意を尽くす必要があります。査定の結果、高い格付けとなる正社員が生じる一方で、今までに比べ格段に低い格付けとなる正社員も生じ得ます（降級降格）。

格付けの結果、賃金額が減額となる場合には、後述する就業規則の不利益変更法理の問題が生じうることから、一足飛びの賃金降級降格は法的リスクを伴います。一定の経過措置を設け、その間に昇給昇格のための再チャレンジの機会を設けることは少なくとも必要です。

また何よりも、こういった見直しに際し、人事考課基準の明確化、考課者研修を充実させ、公正公平な人事評価を徹底することが必要不可欠です。この人事考課基準の設定に際し課題となるのが、正社員各人に期待しうる将来的な能力発展可能性です。これまでも正社員の人事評価と処遇に際しては、今ある能力のみならず、将来の役割期待を含めた能力評価が加味されてきましたが、前述の通り、同一労働同一賃金をめぐる論議の中では、その客観性が改めて問われつつあります。

同種の能力を有する非正規社員からの均衡待遇に係る問いかけに答えるためにも、どのように正社員の将来的な能力発展可能性を「客観化」し、これを適切に人事評価・処遇に組み込むかという課題に対し、一つの解となりうるのが、キャリアコンサルティングとキャリアプランです。

キャリアコンサルティングとキャリアプランの可能性

これまで日本企業では、正社員として採用した社員に対する教育訓練は、長期雇用継続を前提の中、その企業が全て責任をもって行う傾向が見られました。このため、労働者自らが社外等で教育訓練等を受ける機会も稀でしたが、最近では「キャリア権」の観点から、職業能力開発促進法においても、労働者自らのキャリア開発を明確に位置づける施策が展開されています。

まず同法の基本理念に職業生活設計つまりは「労働者本人が自ら自発的な職業能力の開発及び向上に努めるべき」ことが明確に規定化されるとともに、事業主に対しても「雇用する労働者が多様な職業訓練を受けること等、職業能力の開発・向上を図ることができるよう」に努力義務が課せられています。

具体的に①ＯＦＦ－ＪＴ、ＯＪＴのほか、②職業能力検定、③実習併用型職業訓練、④有給教育訓練休暇などの職業訓練が推奨されており、教育訓練計画の策定も事業主の努力義務とされています。さらに各社において職業能力開発推進者の選任も努力義務とされ、専門資格としてのキャリアコンサルタントの法定化がなされています。

以上の通り、職業能力開発促進法では、会社に対し、正社員・非正規社員ともに、事業内職業能力開発推進者の援助の下、職業能力開発計画を策定し、計画的に教育訓練を行うことを努力義務として求めています。

また厚労省は、社員の自律的な職業能力開発として、「セルフ・キャリアドック」を提唱しています。同省の定義によると「労働者にキャリアコンサルティング（労働者が主体的にキャリアプラン〈働き方や職業能力開発の目標や計画〉を考え、それらに即して働こうとする意欲を高めるための相談）を定期的に提供する仕組み」を指すこととされています。同取り組みを支援すべく厚労省は人材開発支援助成金制度を雇用保険2事業において行っています。

同制度は、事業主が教育訓練休暇等制度を導入し、一定の支給要件を満たした場合、助成金支給の対象とするものであり、対象となる教育訓練休暇とは、事業主以外が行う教育訓練、各種検定またはキャリアコンサルティングを受けるために必要な有給での休暇（労基法39条の規定による年次有給休暇を除きます）を与え、自発的職業能力開発を受ける機会の確保等を通じた職業能力開発及び向上を促進する制度を指します。

同助成金の支給を受ける場合には、同教育訓練休暇制度を実施し、自発的に教育訓練を受講する労働者（全労働者を適用対象にする必要あり）に対し、以下のような教育訓練休暇等

（一例）を適用する旨、就業規則等に規定する必要があります。

（教育訓練休暇制度例）〇条　会社は、全ての労働者が自発的に教育訓練や各種検定、キャリアコンサルティングを受講する場合に、教育訓練休暇を付与する。
2　教育訓練休暇は有給とし、3年間に5日を取得できるものとする。
3　教育訓練休暇を取得するために必要な教育訓練や検定、キャリアコンサルティングは労働者の職業能力の開発を目的としたものでなければならない。
4　教育訓練を受講する場合は社外の教育訓練機関を、各種検定の場合は社外の施設で策定された検定、キャリアコンサルティングは社外のキャリアコンサルティングにてそれぞれ受講するものとする。

キャリアプランにおいて、正社員と非正規社員との間の能力開発に係る「合理的な相違性」を明確化していくことも、今後の人事施策において重要な意義を有するものと思われます。

正社員の人事異動は不可欠といえるのか

また、これまで正社員と非正規社員との間の大きな相違点として、職務変更・異動の有無が挙げられてきました。確かに過去を振り返れば、正社員は職種・勤務地無限定であり、会社から辞令が出れば、いかなる事情があれ、日本国内はもちろん海外赴任含め転勤に応じざるを得ず、工場製造部門の技術者から人事部・経営企画部等への異動などの職種転換も日常茶飯事でした。

しかしながら今日では、正社員の人事異動につき、ワークライフバランスの観点から、法律上も一定の制約が設けられ（育児介護休業法26条）、さらに裁判例においても育児介護などの事情に重きを置き、配転命令を無効とする裁判例が増加傾向にあります。

何よりも社員の価値観が大きく変わっており、正社員も転居を伴う異動はもちろん、職種変更などの人事異動にも抵抗感を示す人が増えてきました。新卒採用に際し、エリア限定採用の人気が高まっていることも、その証左といえましょう。さらに会社側から見ても、近年の専門性が高まる業務を行わせるにあたり、頻繁な職種変更は経済効率性に反するものです。

転居を伴う人事異動自体も、顧客等とのやり取りは日々メールまたはスカイプなどを用いたテレビ会議でもある程度対応可能であり、以前のような地方拠点への人事異動の必要性も相当程度減じられています。

このように考えると、今後は正社員の中でも経営幹部とその候補者はなお広範囲な人事異動を前提とする一方で、これまでのように正社員全てに「人事異動」が必要不可欠なのか、またその人事異動を前提とした賃金制度を維持し続けるのかという点が大きな課題として浮上しうるものと思われます。

前述した「限定正社員制度」は、非正規社員からの転換措置に限られず、様々なライフイベント・価値観に基づき、職務限定ないし地域限定等の下、就労継続を希望する正社員にとっても、極めて有意義な制度となりうるものであり、限定正社員制度の整備が一層求められることとなりましょう。

5 正社員の各種手当削減・本給見直しの動き

正社員手当削減の動き

以上の通り、同一労働同一賃金に向けた対応として、まずは非正規社員の賃金引き上げ、正社員・非正規社員等への人事制度適用の見直しが考えられるところですが、制度そのものの見直しも検討課題となりえます。

とりわけ正社員の手当制度の中には、すでに制度発足時の趣旨・目的が失われているにもかかわらず、所得保障のみの観点から継続支給され続けているものが少なからずあるでしょう。また基本給・賞与等についても、支給額の決定方法そのものの合理性が失われている場合も見られます。このような認識の下、会社側が正社員の手当の一部を廃止したり、基本給の見直し（減額）を行う動きが生じつつあります。

まさに前述した日本郵便（大阪）事件判決等を受け、日本郵政グループは「年末年始勤務手当」は、非正規社員にも支給する一方、勤務地限定型の正社員に対する住宅手当は、10年間の経過措置の上、廃止する意向を固めた旨、報じられています。

このような正社員の手当削減等は、明らかに労働条件の不利益変更にあたります。不利益変更は就業規則の変更によって行われることが多々見られますが、そのような不利益変更は法的に許容されるのでしょうか。

就業規則の不利益変更法理について

賃金制度の見直しに際し、多くの企業は就業規則の賃金関係規定を変更する方法で行うこととなります。同変更に全ての労働者が異議なく同意しているのであれば良いのですが、問題は一部であれ同変更に反対する労働者が存在する場合です。この場合、就業規則の変更に反対する労働者の賃金を含め、一方的に労働条件を不利益に変更することが可能か否か、かねてから法的に争われてきました。

この難問に対し、最高裁は就業規則変更の「合理性」及び従業員への周知を要件とし、不利益変更に反対する社員をも含め就業規則の法的効力を是認する判例法理を形成してきました（秋北バス事件（最大判1968年12月25日）民集22巻13号3459号ほか多数）。また労働契約法10条においても同内容が明文化されています。

問題はここでいう「合理性」の判断基準です。労働契約法10条は、これまでの裁判例を踏まえた上で、図表5－5に挙げた判断要素を「総合考慮」の上で、その合理性を判断することを明らかにしました。就業規則変更の必要性、不利益の程度、変更内容の相当性、労使組合との交渉の状況等です。「総合考慮」のため、合理性の有無を事前に見極めることは難しいものですが、実務的に重要であるのが不利益の程度と変更の必要性です（図表5－6）。

図表 5-5　就業規則の不利益変更法理の判断基準

労働契約法	判例の基準
・労働者の受ける不利益の程度 ・労働条件変更の必要性 ・変更後の就業規則の内容の相当性 **・労働組合等との交渉の状況** ・その他の就業規則の変更に係る事情	・労働者が被る不利益の程度 ・使用者側の変更の必要性の内容・程度 ・変更後の就業規則の内容自体の相当性 ・代償措置その他関連する他の労働条件の改善状況 **・労働組合等との交渉の経緯、他の労働組合又は他の従業員の対応** ・同種事項に関する我が国社会における一般的状況等

図表 5-6　就業規則不利益変更法理の判断方法

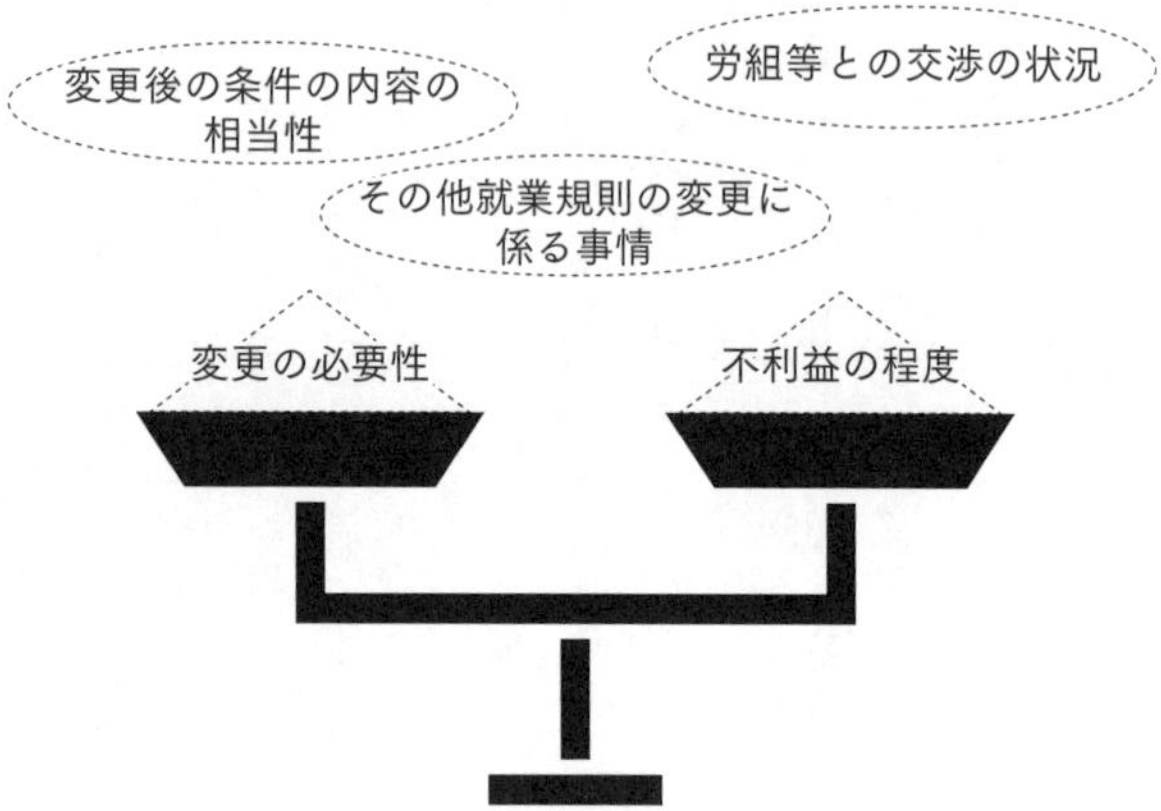

まず不利益の程度ですが、これが高ければ高いほど、いかに他の要素を満たしていたとしても、合理性が否定される可能性が高いといえます。例えば基本給の3割削減、退職金半減などの措置は社会通念から見ても、その不利益性は高く、これを上回る変更の必要性（会社倒産の回避のため必要不可欠等）がなければ、合理性が否定されることとなります。

就業規則不利益変更の合理性

本書で検討しているのは、「同一労働同一賃金」に向けた対策のための正社員手当等の削減等です。同対策は一見すると、「変更の必要性」自体が是認されうるようにも思われますが、「不利益の程度」やその他の事情をいかに勘案すべきでしょうか。

この問題を考える上で、参考になるのがノイズ研究所事件（東京高判2006年6月22日）です。同事件は年功処遇型賃金制度から成果主義型賃金制度への移行に伴い、一部の社員につき、労働条件が不利益変更（1割程度）となった点が争われたものです。判決では以下の点が総合考慮され、就業規則の不利益変更が「合理的」であるとし、会社側対応を是認しました。

〈ノイズ研究所事件判決における合理性判断の考慮要素〉
①競争激化の中で生産性向上を図る高度の必要性があった
②（本件）賃金制度の構造上の変更は、経営上の必要性に対処し、見合ったものということができる（制度の見直しが経営課題の解決に結びついている）
③本件賃金制度の変更は、従業員に対して支給する賃金原資総額を減少させるものではなく、賃金原資の配分の仕方をより合理的に改めようとするものであり、また、個々の従業員の具体的な賃金額を直接的、現実的に減少させるものではなく、賃金額決定の仕組み、基準を変更するものである
④どの従業員についても人事評価の結果次第で昇格も降格もあり得るのであって、自己研鑽による職務遂行能力等の向上により昇格し、昇給することができるという平等な機会が与えられている
⑤（平等な機会を支える）人事評価制度も、最低限必要な内容を備えている

右記の判断を参考に、同一労働同一賃金関係での就業規則不利益変更の合理性判断を整理

すると以下の点が重要と思われます。

①正社員に対する一部手当の変更必要性
　同一労働同一賃金実現のための変更であれば、同変更の目的はひとまず正当化しえます。さらに正社員の一部手当が発足した時の趣旨・目的が失われるとともに非正規社員に同種給付を行うことが困難であるなどの事情があれば、変更必要性の補強要素となりうるものです。
②賃金原資自体は維持ないし増
「賃金額決定の仕組み・基準」の見直しによって、一部正社員の賃金が結果的に減少するとしても、人件費総額が維持されていれば、変更の合理性肯定の一要素になりえます。
③賃金が減額した正社員にも再チャレンジのチャンス豊富に有（自己研鑽・成果給）
④人事査定制度の公平性・透明性

　また就業規則変更による不利益の程度も極めて重要です。これまでの裁判例を見ると、賃金制度変更に伴う個別労働者への不利益の程度は、変更の必要性が認められる場合であっても、一般的に1割以内にとどめ、かつ段階的な引き下げ等の経過措置を設けることが通例です。さらに労働組合等との交渉の状況等も重要です。不利益変更に際し、会社が労組もしくは従業員過半数代表との間で、事前に同変更の必要性とその内容等の説明・協議を真摯に取り組んでいるかが大きな決め手となります。

中小企業では労働組合がないケースは多いと思われますが、この場合は、早めに従業員過半数代表者を適正に選出の上、事前協議を進めることや、社内説明会を開催し、全社員に変更内容とその必要性等を説明する機会を設けておく必要があります。

6 労使コミュニケーションの新たな姿

企業内労組における非正規社員の組織化の取り組み

以上のとおり、同一労働同一賃金の実現のためには、非正規社員の処遇のみならず、時には正規社員の処遇や人事異動のあり方も含め、全社的な見直しが必要となります。

このような組織体制・処遇の見直しをどのように進めていくかが課題となりますが、前述した厚労省「同一労働同一賃金の実現に向けた検討会中間報告」では、次の提言が見られます。

非正規社員を含む労使交渉において格差是正を実施させることも重要だろう。

この労使交渉の方法として、まず筆頭に挙げられるのが、労働組合との団体交渉です。我が国における労働組合のうち多数を占めているのが、企業内労働組合ですが、これまで同労組は組合員資格を正社員に限定する傾向が見られ、非正規社員の組織化は立ち遅れていました。

しかしながら、前述の通り１９９０年代以降、全労働者に占める非正規社員の割合が急激に増加するとともに、「派遣村問題」「雇い止め」など非正規雇用固有の労使紛争が頻発しています。また全労働者における組合組織率の低迷に歯止めがかからない中、近年に至り、企業内組合も非正規社員の組織化に積極的に取り組む例も増えてきています。同企業内労組への非正規社員の組織化が進むことで、正規・非正規社員双方の労働条件見直しを通じた均等・均衡待遇の実現が期待できます。

また、企業内に既存組合がある場合、組合組織拡大の方法のほか、日々の組合活動において、非組合員である非正規社員からの意見集約や労働相談受付・会社との交渉を実質的に行うことも期待できます。他方で課題となるのが、企業内労組が存在しない圧倒的多数の中堅・中小企業における労使の集団的コミュニケーションです。

従業員過半数代表者の選出方法と非正規社員の立候補

過半数労働者を代表する労働組合が存在しない企業において、36協定の締結、就業規則の意見書作成などの重要な機能を果たしているのが、従業員過半数代表者です。事業場において、特定の労働組合が過半数以上の労働者を組織している場合、同労組が従業員過半数代表となりますが、そのような労組が存しない事業場では別途、従業員過半数代表者を選出することになります。この場合の選出方法について、労基法では以下の定めを設けています（施行規則6条の2）。

①労基法41条第2号に規定する監督又は管理の地位にある者でないこと
②法に規定する協定等をする者を選出することを明らかにして実施される投票、挙手等の方法による手続きにより選出された者であること

②の「投票、挙手等」の「等」については、厚労省の解釈例規で「労働者の話し合い、持ち回り決議等労働者の過半数が当該者の選任を支持していることが明確になる民主的な手続きが該当する」とされています（１９９９年3月31日　基発第１６９号）。同選出に際し、非正規社員も当然に正社員と同様の被選挙権、選挙権を共に有しています。したがって、以下のケースも当然に生じえます。

〈ケース〉A事業場では、正社員が10名、契約社員が20名、パート社員が70名の計１００名の労働者が常時就労している。企業内労組は正社員と契約社員のみを組織化しているため、この事業場では従業員の過半数を占めていない。このため毎年3月末に従業員過半数代表者選出のため選挙を行っていたが、これまでは企業内労組A支部執行委員長B（正社員）のみが立候補し、過半数代表としての信任を受けていた。本年も執行委員長Bの信任投票を同様に進めようとしていたところ、パート社員Cが突如、従業員代表に立候補し、同人が当選した。当選後、Cはことあるごとに、会社に対し、非正規社員の処遇改善を求める発言を繰り返している。

まず、会社として、このようなCの立候補・選挙活動自体を職場を乱す行為として、禁じることが可能でしょうか。就労時間外に平穏な方法で、従業員過半数代表者選挙のための活動（ビラ配布）をすることを会社側が妨害し、正社員Bを当選させたとしても、これは「使用者の意向による選出」と捉えられ、違法とされる法的リスクを負います。もちろんビラの中に、真実性に欠く誹謗中傷的な書き込みがあれば、これを禁じ、職場秩序を乱したことを理由に懲戒処分等を検討し得ますが、立候補自体を妨げることができないのは前記の通りです。

非正規社員が過半数代表者に選出された場合の対応と課題

次に同選挙の結果、Cが過半数代表者として信任され、同一労働同一賃金等を求め、交渉を求めてきた場合、会社がこれに応じる法的義務が直ちに生じるでしょうか。

労基法上の従業員過半数代表者は労働組合とは異なり、労組法上の団体交渉権等を有するものではありません。就業規則の変更等に関与しますが、これは「意見聴取」にとどまります。

仮に非正規社員の処遇改善に十分手をつけることなく、正社員に対する手当拡充のみを行う就業規則変更が行われる場合に、過半数代表者Ｃがこれに「同一労働同一賃金に反し、反対」との意見書を提出したとしても、その規定改定を労基署自体は受理するほかありません。さらにＣその他非正規社員がその変更含め、非正規社員の処遇改善を求め、法的に争うとすれば、前述の通り行政ＡＤＲ、民事訴訟などの個別労使紛争による解決を求めることとなります（なおＣら労働者２名以上が労働組合を別途結成し、団体交渉等を求めることは可能）。

また何よりも従業員過半数代表者の課題と言えるのが、労働者側の意見集約・決定プロセスの不全です。労働組合であれば、組合規約を設け、これに基づき組合大会等での意見集約・決定プロセスが明らかとされており、原則として、組合の機関決定に対し組合員は拘束されることになります。これに対し、従業員過半数代表者は選出後、従業員の意見集約・決定ルールを定めることなく活動している例が一般的です。

その結果、従業員内の利害が対立する場合（先のケースでは正社員・契約社員・パート社員間の利害）、過半数代表者は機能不全となるか、または意見集約・調整することなく、一部の労働者利益のみを代表する結果を招き得ます。同一労働同一賃金の問題はとりわけ労働者間での利害を調整する必要性が高く、何ら意見集約・決定方法を有さない現行の従業員過半数代表者のみがその任を担うのは極めて難しいと言えます。

従業員代表制度の可能性と当面の対応

今後の労働法制上の課題として、かねてから検討されているのが、新たな「従業員代表制度」の創設ですが、厚労省・労働組合・使用者団体ともに、その必要性は感じつつも腰が重く、議論が前に進んでいない状況です。そのような中、さしあたり集団的労使コミュニケーション充実のため、現行法制上考えられるのが、前記の組合組織化の拡大、または従業員過半数代表者となります。

後者の課題は前述の通りですが、他方で会社と従業員間で過半数代表者の機能拡充とその意見集約・決定プロセスを明確化させていく方策自体は別途取りうるものです。働き方改革関連法の成立後、過半数代表者にかかる労基法施行規則の見直しも予定されており、新たに「使用者は、過半数代表者がその業務を円滑に遂行できるよう必要な配慮を行わなければならない」旨明文化することも検討されています。

当面の対応としては、過半数代表者が従業員の意見集約等をなす場を会社としても設けるように協力し、正社員・非正規社員双方の適切な意見調整の下、同一労働同一賃金に向けた対応策の立案を進めていくべきでしょう。

〈第5章まとめ〉

日本型同一労働同一賃金に向けた中長期的な対策として、①非正規社員の処遇改善、②正社員転換推進等、③正社員に係る人事運用面での見直し、④正社員の処遇見直し（労働条件の不利益変更問題含む）という4つの選択肢をあげました。実際の企業実務対応としては、①～④の各々が重なりながら取り組みがなされることもあろうかと思われます。これらの対策を正社員・非正規社員の利害調整を図りながら進めるためには、労使協議のあり方自体も見直しが必要です。正社員のみならず、非正規社員の主張なども十分に反映しうる労使協議の場を作り出すことが今後、各社において重要な課題となるものと思われます。

著者略歴

北岡 大介（きたおか・だいすけ）

北岡社会保険労務士事務所代表。1995年金沢大学法学部卒、労働省に労働基準監督官として任官し、労基法などの監督指導業務に従事。2000年に労働省を退官し、北海道大学大学院法学研究科で労働法・社会保障法を専攻。同大学院博士課程単位取得退学後、大手サービス企業労務担当等を経て、2009年、北岡社会保険労務士事務所を独立開業、現在に至る。著書に『「働き方改革」まるわかり』（日経文庫、2017年）『職場の安全・健康管理の基本』（労務行政、2015年）『会社が「泣き」を見ないための労働法入門』（日本実業出版社、2014年）等がある。

日経文庫 1396

「同一労働同一賃金」はやわかり

2018年 7月24日　1版1刷

著者　北岡 大介

発行者　金子 豊

発行所　日本経済新聞出版社
https://www.nikkeibook.com/
〒100-8066　東京都千代田区大手町1-3-7
電話：03-3270-0251（代）

装幀　next door design
組版　マーリンクレイン
印刷・製本　三松堂

©Daisuke Kitaoka, 2018 ISBN978-4-532-11396-4
Printed in Japan

本書の無断複写複製（コピー）は、特定の場合を除き、
著作者・出版社の権利侵害になります。